発　考える　心をつなぐ

特別支援教育をサポートする

図解 よくわかる ソーシャルスキルトレーニング(SST)実例集

東京学芸大学名誉教授　大学入試センター特任教授
上野 一彦 監修

北海道大学教育学研究院附属子ども発達臨床研究センター准教授
岡田 智 著

狛江市立緑野小学校通級指導学級主任教諭
森村 美和子 著

あきる野市立増戸小学校通級指導学級主任教諭
中村 敏秀 著

ナツメ社

ソーシャルスキルに困難がある子どもたち

集団行動や人間関係をうまく営むために必要なソーシャルスキルが年齢相応に備わらず、社会生活でつまずく子どもが増えています。こうした子どもたちにソーシャルスキル指導を行うことで、日常の困り感を減らし、スムーズに社会生活を送ることができるようになります。

Q　ソーシャルスキルとは？

A　社会生活や人間関係を営むために必要とされる技能

Q　ソーシャルスキル指導とは？

A　ソーシャルスキルの方法やコツを具体的に教えること

Q　ソーシャルスキル指導が行われる場所は？

A　発達障害専門のクリニックや民間の療育機関に加え、現在は、通級（指導教室）や特別支援学級、通常学級などでも行われている

Q　ソーシャルスキル指導を行う人（指導者）は？

A　教師、トレーナー、セラピスト（心理の専門家）など

Q　ソーシャルスキル指導で大切なことは？

A　指導機関、学校（在籍学級）、家庭が、子どもの特性や困難、必要な支援、獲得しようと練習しているスキルなどについて共通理解をし、日常場面でうまく実践できるよう連携すること

ソーシャルスキルに困難がある子 ①

理解力や判断力に困難がある子
〈知的障害、ボーダーライン知能（境界知能）〉

知的に遅れのある子どもたちは、理解力や判断力、言語能力に弱さがある。集団行動や人間関係において、周りの状況を把握できなかったり、自分の考えをまとめて表現することが難しかったりする

会話についていけない

授業についていけない

ミニ解説

ボーダーライン知能とは、IQ《アイキュー》（知能指数）が70～85くらいの状態をいいます。ボーダーライン知能の子どもは、幼少期には遅れがあまり目立たないのですが、抽象的な思考が必要とされる9～10歳ころに人間関係や学習面においてつまずきやすくなる場合が多いようです（「10歳の壁」）。知的能力の水準を考慮した目標設定と指導が求められます。

ソーシャルスキルに困難がある子 ❷

認知能力にアンバランスがある子

〈LD《エルディー》（学習障害）〉

得意不得意の差が大きかったり、記憶力や言語能力、視覚的能力などに部分的な弱さがあったりして、学業につまずく。また、友だちづきあいや、集団行動においても自信をなくしていることがある

ミニ解説

LDの場合、全体的なIQ《アイキュー》値は平均域かそれ以上ですが、聞く、話す、読む、書く、計算する、推論するなどのうち、部分的な苦手さがあり、学習面で能力のばらつきが顕著になります。また、口頭言語（話す、聞く）面に弱さがあるLDの子どもは、コミュニケーション面でつまずきやすいといえます。

ソーシャルスキルに困難がある子 ③

行動コントロールに困難がある子
〈ADHD《エーディーエッチディー》（注意欠如／多動性障害）〉

頭では理解しているのに、行動抑制が利かず、じっとしていられなかったり、突発的な行動をとってしまったりして、周囲から問題児扱いされやすい

衝動性

不注意

ミニ解説

注意欠如（欠陥）／多動性障害は、不注意、多動性、衝動性があるために不適応行動を起こしやすい障害です。うっかり起こしてしまう不適応行動のために、周囲からの評価が下がり、自己肯定感が損なわれやすいといえます。自己否定感や大人への反抗心がつのり、二次的問題へと至るリスクが高くなる傾向があります。

ソーシャルスキルに困難がある子 ④

コミュニケーションや切り替えが苦手な子

〈自閉症スペクトラム障害（自閉症、アスペルガー症候群）〉

人の気持ちを察することができず、相互のやり取りが苦手なため、コミュニケーションがうまくとれない。また、こだわりが強く、ほかの方法や考えを受け入れられないため、考えや行動の切り替えができない

予定変更や切り替えに対応できない

他者の気持ちがわからない

ミニ解説

自閉症スペクトラム障害のある子は、相手の視点に立ったり、場の空気を読むことが苦手です。また、興味の幅が狭く、パターン化されたことを好み、物事の変化に適応しにくい特性があります。ことばの出ないような典型的な自閉症タイプの子から、知的に高く弁が立つアスペルガータイプの子どもまで、さまざまな状態の子どもがいます。ソーシャルスキル指導では、子どもの障害特性に応じて、指導目標を設定していきます。

ソーシャルスキルに困難がある子 ⑤

運動面に不器用さがある子

〈協調運動障害〉

運動面の不器用さがあるために、友だちとのボール遊びに加われなかったり、体育の授業で劣等感をもちやすくなったりする。また、模《も》倣《ほう》運動も苦手なことが多く、ダンスや演技などの動きがなかなか覚えられなかったりする

運動遊びの輪に入れない

不器用さのために楽器演奏が苦手

ミニ解説

LD《エルディー》、ADHD《エーディーエッチディー》、自閉症スペクトラム障害のある子どもの多くは、協調運動障害を伴います。全身の部位をバランスよく協応させる運動だけでなく、手指の操作もぎこちないことがあり、楽器演奏や道具の扱い、図画工作の作業などでつまずくケースもあります。

ソーシャルスキルに困難がある子 ⑥

情緒面に不安定さがある子

〈愛着《あいちゃく》障害、トラウマ、家庭の問題など〉

家庭環境の問題などがあり、情緒不安定になっている子どもも、発達障害と似た不適応行動がみられ、集団行動や人間関係につまずきやすい

トラウマの問題
人を困らせてばかりだな!
あっちへ行けよ
愛着障害や家庭の問題
自己否定感、無気力、対人不安、対人緊張…

ミニ解説

幼少期から養育者との愛着形成に支障が生じている場合などでは、ADHD《エーディーエッチディー》や自閉症スペクトラム障害の特性と区別しにくいことがあります。愛着障害やトラウマなど、情緒の問題を抱えているケースでは、ソーシャルスキル指導によるアプローチだけでは限界があり、医療面、心理面のケアが必要になります。

はじめに

ソーシャルスキルトレーニングを さらなる理解と支援のきっかけに

核家族、少子化といった現代の家族構造の急激な変化は、子どもたちの世界にもさまざまな影響を及ぼしつつあります。かつて子どもたちは家庭で、地域で、多様な年齢集団、人間関係のなかでもまれながら交流範囲を広げ、人とのかかわり方を体験し、同時に自分をコントロールする力や相手の立場でものを考えたり、共感したりする力を育てていきました。

しかし、今日、人が社会的な存在として自立し、参加していくために必要な力である「ソーシャルスキル」を身につけるチャンスは、確実に減ってきています。人が、人として生きていくために必要な力を習得する機会が減るとともに、多くの親たちに、不安のなかで我が子の生育を見守っています。

こうした子育て環境の大きな変化のなかで、ＬＤ（学習障害）、ＡＤＨＤ（注意欠陥多動性障害）、ＡＳＤ（自閉症スペクトラム障害）などの発達障害のある子どもたちは、さらに大きな課題を抱え込んでいるのです。

発達障害は、障害としてはすぐには目立たない「見えない障害」という特徴と、できることとできないことが混在する、つまり「バランスが悪い」という特徴をもっています。そのために、さまざまな学習のつまずきだけでなく、対人的な付き合い方にも、遅れや困難をもちがちです。こうした子どもたちが、自立と社会参加をしていけるよう、その個々の問題に周囲の大人が早く気づき、子どもが必要とする支援のなかで、よりよい成熟を遂げさせることが大きな教育の課題です。

ここに現代の子どもたち、なかでも社会性の育ちに課題をもちがちな発達に障害のある子どもたちに、社会性や人間性を育てるための「ソーシャルスキルトレーニング」の必要性を強く感じます。

ソーシャルスキルの指導に、強い関心と優れた実践を積み上げてきた先生たちによって、その集大成をここにまとめました。しっかりとした理論を背景に、豊かな実践力のなかで考案されたこれらの具体性ある方法は、指導される側だけでなく、指導する側にとっても楽しく、きっと、たくさんの充実感と、さらなる展開へのきっかけを与えられるでしょう。本書は、スタートであってゴールではありません。子どもたちのために、皆さんと共に、こうした指導をさらに充実させていくことができれば幸いです。

上野　一彦

もくじ

巻頭 ソーシャルスキルに困難がある子どもたち

1章 ソーシャルスキル指導とは

2章 ソーシャルスキルの実例

3章 通級指導学級における指導の実際

●執筆協力 石原順子
●イラスト 中小路ムツヨ
●編集協力 株式会社 文研ユニオン
●編集担当 澤幡明子（ナツメ出版企画株式会社）

1章

ソーシャルスキル指導とは

ソーシャルスキル指導とは

発達障害のある子の多くは、ソーシャルスキルの習得につまずきがあります。ただし、得意になる必要はなく、無理のない範囲で自分なりの人づきあいのスタイルを見つけていくことを目指します。

ソーシャルスキルとは?

ソーシャルスキルとは、人間関係や集団行動を上手に営んでいくための技能のことです。たとえば、大人の場合、あいさつをしたり、会話をしたり、冗《じょう》談《だん》を言って場を和ませたりすることで、人づきあいを円滑に進めようとすることがあります。こうした方法もソーシャルスキルのひとつといえます。

幼児期や学齢期に、子どもが学ぶべきソーシャルスキルには、「学習態勢」「コミュニケーション」「人間関係」「身辺管理」「情緒《じょうちょ》や自己」に関するスキルなどがあります。

ソーシャルスキルは、社会生活を営んでいくうえで重要な技能ですが、だからといって、だれもが得意になる必要はありません。大人でも、人づきあいをあまり好まない人もいますし、人とのかかわりが少ない職種を選ぶ人もいます。そうしたソーシャルスキルに苦手意識をもっている人でも、社会生活をふつうに送っています。

障害の有無にかかわらず、ソーシャルスキルの得手不得手に関しては個人差が大きいということです。子どもの場合も同じで、個人の成長の度合いや、育った家庭環境などにより、個人差が現れることは当然といえます。

たとえ、ソーシャルスキルが苦手でも悲観的になる必要はありません。ひとりひとりが自分に合った人づきあいのしかた、集団参加のスタイルを見つけていけばよいのです。その目指すところは、自分や周りの人に不利益にならないような自分なりのスタイルを身につけることと言ってもよいでしょう。

どのようにして指導していくのか?

小さい子どもの場合、ソーシャルスキルを親から学びます。「あいさつをしなさい」、人の悪口を言ったら「そういうことは言ってはいけない」というように、直接的にことばで諭す方法がとられることが多いのですが、これは、ソーシャルスキル指導の文脈では「**教示**」と呼ばれる方法です。

ただし、発達面にアンバランスがある子どもには、教示だけでは指導が行き届かないことがあり、ほかの指導法も組み合わせる必要が出てきます。発達障害のある子の場合、耳で聞くだけでは、情報が十分伝わらないことがあります。耳よりも目、つまり、視覚的に伝えるほうが、よく理解できる場合が多いのです。

たとえば、大人が適切なモデルを示してみせたり、スキルを上手に行える仲間（子ども）に注目させたり、映像教材などを用いて学ばせたりする方法があります。このように、見て学ばせる方法を「**モデリング**」といいます。

また、実際にその方法をやってみて練習する「**リハーサル**」も行われます。大人と模擬《もぎ》場面で練習することをロールプレイングといいますが、これも「リハーサル」の手段です。

さらに、実践してみて、そのやり方がよかったのかどうか、どの点を改善すればもっとよくなるのかといったことを振り返ること（ほめたり、修正したり）も大切です。これを「**フィードバック**」といいます。

そして、訓練場面だけでなく、実生活（学校や家庭）においてもスキルが実践できるように工夫していくことを「**般化**」といいます。

これらの指導方法を組み合わせて、ソーシャルスキル指導は行われます。

ソーシャルスキル指導の基本テクニック

教示
ことばや絵カードなどを用いて直接教える

モデリング
指導者や友だちの手本となるふるまいを見せて学ばせる

リハーサル
模擬場面などで実際にやってみる（ロールプレイングなど）

フィードバック
行動を振り返り、ほめたり修正を求めたりする

般化
どのような場面（時、場所、人にかかわらず）でもできるようにする

※これらの教え方を組み合わせて指導を行う

プログラムの組み方は？

ソーシャルスキル指導のプログラムの組み方に決まった方法はなく、指導機関によってさまざまな取り組み方がされています。

一般的には、1～2時間の指導では、①始まりの会（あいさつ、出席、近況報告など）、②ウォーミングアップゲーム（簡単にみんなで楽しめるもの）、③ソーシャルスキルの課題（テーマに沿った学ぶべき課題）、④運動遊びや集団遊び（グループで楽しく遊べる活動、スキルを実践できる活動）、⑤終わりの会（クールダウン、振り返り、あいさつ、宿題）といった流れになります。

通級指導教室や特別支援学級（固定制）の場合は、個別指導や運動動作の指導もあり、掃除や給食、休み時間などの生活の流れのなかで、「グループ活動」「ソーシャルスキルの学習」「コミュニケーションの時間」などが組み込まれることが多いようです。

指導のポイント

ソーシャルスキルの指導法には、教示、モデリング、リハーサル、フィードバック、般化があります。これらの方法を適宜組み合わせ、さらに、子どもどうしの影響力を生かしていくことが有効です。

教示のポイント

「**教示**」とは、ことばで説明したり指示したりして、直接的に教えることです。教示で重要なポイントは、言語理解や知的理解に弱さがある子どもに対しては、「一度にひとつのことを」「わかりやすく具体的に」指導するということです。

また、なかには、ことばを聴覚情報として取り込んだだけでは、意識や記憶にとどめておくことが困難な子どもいますから、そうした子ども向けに、イラストや絵カードなどを用いたり、具体的に指導者などが実例を示してみせるなどして、「視覚的補助を用いる」ことも効果的です。

このほか、複雑なスキルを指導する場合、行動手順がひと目でわかるように、「スクリプト（手順表や台本）を示す」方法も用いられます。作業・行動の一連の流れがわかると、見通しもつけやすくなり、安心して取り組むことができるようになります。

また、自閉症スペクトラム障害のある子などは、「暗黙《あんもく》のルール」に気づかず、悪気なくルール違反をしてしまうことがあります。列に並んで順番を待つ、手を挙げてから発言するなど、同年齢の子にとっては当たり前のルールでも、ひとつひとつ、ていねいに教えてあげる必要があります。事前にひとことアドバイスしてあげるだけでも、集団行動や友だち関係がスムーズに運べるようになります。

モデリングのポイント

手本を示し、それを見て学ばせることを「**モデリング**」といいます。指導者が実際にやってみせて、まねるよう促したり、うまくできている仲間に注目させて参考にするよう声をかけたりします。

ソーシャルスキルのプログラムでは、指導者が問題となる場面を寸劇などでわかりやすく示し、子ども自身にどこに問題があるか気づかせ、適切なふるまいはどうあるべきかを見つけさせるようなモデリング学習を取り入れます。子どもが自発的に見つけ出した問題や適切なスキルは記憶に残りやすく、動機づけられ、定着しやすいといえます。この場合、子どもによっては、問題に気づきにくい場合があるため、モデリング場面をできるだけ単純化し、時にはオーバーな演技で問題を強調させることもポイントです。

また、モデリング場面では不適切なモデルを示す場合がありますが、そのあとは必ず、適切なモデルを示して終わることが大切です。

たとえば、何をして遊ぼうかという話し合いで、「ドッジボール」という意見が出たとき、ボール遊びのきらいな子が「ふざけんな！　ドッジボールなんてやらない！」と怒っているモデリング場面を示したとします。この場面を見て、子どもには、どこに問題があり、どのような言い方ならよいのかを考えさせます。そして、最後は、「私はドッジボールが苦手だから、部屋のなかの遊びがいいな」という適切なモデルを示すようにします。

リハーサルの方法

学んだスキルを模擬的な場面で実際にやってみる。頭のなかで理解できていても、実際に行動に移せるとは限らないため、こうしたトレーニングが必要になる

リハーサルのポイント

教示→モデリングのあとは、実際に行動に移してやってみることが大切です。頭のなかでは理解していても、実際の場面で使えなければ意味がありません。

モデリング場面を提示したあとに、指導者や友だちを相手に、スキルを模擬《もぎ》的にやってみる（「ロールプレイング」という）ことも有効です。

ただし、ロールプレイングは、現実場面とは異なる模擬的な設定であるため、子どもになかなか定着していかないことがあります（つくられた設定場面ではできても、現実の生活場面ではできないなど）。

そこで、筆者らは、活動やゲームを通して練習すること（ゲームリハーサル）をすすめています。

このほか、通級などの指導場面で練習したあとには、必ず、在籍学級や自由場面での人間関係のなかで実践してみるよう促すことが大切です。

フィードバックのポイント

子どもの行動に対し、ほめたり、「…してごらん」と修正を求めたりすることを「**フィードバック**」といいます。

子どもたちの心をつかみ、うまく指導していくには、フィードバックを有効に使うことが大切です。上手な指導者は、子どもの行動を見て、即時に子どもの気持ちに沿った声かけをしているようすがみられます。

また、ただ「すごいね」とか「やったね」といったことばでほめるのではなく、「チクチクことば（111ページ参照）、がまんできたね、OK」というように、具体的に何がよかったのかを子どもに伝えるとよいでしょう。さらに、できるだけ肯定的にフィードバックすることも重要です。「だめじゃない」「またやったの？」などの責めるような言い方ではなく、「○○してごらん」と子どもに促すように言うことが求められます。

ことばで伝える以外に、「強化」（ほめること）のしかたはいろいろありますが、基本的には、子どもの肩に触れる、頭をなでる、拍手する、OKサインを出す、ニコッとほほえむなどの動作（「**社会的強《きょう》化《か》子《し》**」という）を積極的に用いるとよいといわれています。

幼児や小学校低学年の子どもの場合は、ことばや一時的な動作だけでは記憶に残らないことがあるため、上手にできたとき、約束を守れたときなどに、ごほうびのシールやマグネットを貼《は》るという手法を用いると効果的といわれています。シールやマグネットの数が増えていくことが視覚的にわかりやすいため、本人の達成感や自信につなげやすいといえます。また、マグネットやシールを目標の数だけためることができたら、何か特権が得られる（特大シールがもらえる、お楽しみ会を開いてもらえるなど）ルールにしておくと、子どものモチベーションも上がります。こうした手法は「**トークンエコノミー**」と呼ばれています。

このほか、ペアレントトレーニングでよく用いられる、「注目」「無視」を

フィードバックの方法

幼児や小学校低学年の場合は、マグネットやシールを使って、その場でフィードバックしていくことが効果的。フィードバックのしかたは、肯定的な評価に重点を置き、否定的な評価は控えめにすることがポイント

うまく使い分ける方法もあります。子どもが不適切行動をとった場合、それが親や指導者の注意を引く目的で行われた場合は、大人はあえて子どもを注目せず、無視します。

般化のポイント

訓練（トレーニング）の場面で学んだことは、日常生活の場で実践されなければ意味がありません。訓練場面以外でもスキルがうまく使えるように、また、いろいろな場面でスキルが応用できるようにすることを「**般化**」といいます。学んだスキルを「般化」させるために大切なポイントは次の5つです。

①学校や家庭で、子どもが何を学んでいるのか、何に取り組んでいるのかを共有すること
②生活の場でどのようなときに、学んだスキルを使うのかイメージさせること（フィードフォワード）
③多様なシチュエーション、バリエーションでスキルを練習すること
④さまざまな指導者や仲間を相手にスキルを実践すること
⑤実際の場面でリハーサルすること

このなかでも特に、①の「家庭、在籍学級、指導機関が連携をとる」という点が大切です。子どもが指導機関で学んでいるソーシャルスキルについて、家庭や在籍学級が理解し、日常で実践するよう促していく必要があります。実践過程で新たな課題が見つかれば、それを指導機関に伝えるなどして、互いに情報を共有し、より適切な支援・指導を調整していくことが求められます。

子どもどうしの人間関係を活かす

小集団でソーシャルスキルを指導することのメリットは、子どもどうしの影響を活かすことができるというところにあります。

子どもにとって、「仲間からの評価」は、大人からの評価以上に強い影響力を及ぼします。ただし、子どもたちの関係性が十分育っていないと、否定的な評価（相手を非難したり、ミスをあげつらうなど）が先行してしまいがちになるため、集団がある程度成熟しているかどうかを見極めたうえで仲間からの評価を組み込んでいきます。

グループ指導では、仲間からの「モデリングの影響」も受けやすいというメリットもあります。特に、同じような苦手さを抱えた仲間どうしでは、思考や感じ方のペースが似ていて、互いに理解し合えたり、興味関心を重ね合わせたりしやすく、そのためにモデリングも起こりやすいといえます。

さらに、小学校高学年から中学生にかけては、仲間と共有する価値観や、仲間からの評価を重視するようになり、仲間と自分を重ね合わせて、自分も「これでいいんだ」と確信し、自己を安定させていくことができるようになります。

しかし、この時期に適応的な仲間関係が築けないと、自己イメージが不安定になり、自分を受け入れることができなくなっていきます。

指導者には、こうした発達段階も視野に入れたうえで、子どもどうしの「人間関係の影響力」（グループダイナミクス）を活用しながら指導していくことが求められます。

指導者に必要なスキル

ソーシャルスキル指導には、指導者のスキルも問われます。具体的でわかりやすい指示を与える、子どもの気持ちに寄り添える、一貫性と柔軟性を併せ持つなど、いくつかのポイントを紹介します。

スキル① 具体性とわかりやすさ

してよいことと、してはいけないことの基準を明確に示し、具体的でわかりやすい教示や指示が出せるということは、指導のうえで重要なポイントです。

また、しかるときの声のトーンは低く、ゆっくりしたスピードで、表情を変えずに淡々と話す、逆に、肯定的に評価するとき（ほめるとき）は、ニコッとほほえみながら、声のトーンも高めにするなど、メッセージを伝えるときの表情や態度もはっきり区別することが好ましいといえます。

子どもに個別に声をかけるときは横からそっと話すようにし、しっかり教示するときには子どもの目の前に位置し、肩に手が届く距離で、子どもの注意を指導者に向けてから教えるとよいといわれています。

スキル② 子どもの気持ちに寄り添う

子どもに共感的にふるまうことも、指導者に求められるスキルのひとつです。子どもに暴言や暴力がみられたときでさえ、その怒りやイライラを理解し、認めてあげなければなりません。そして、行動を制限するときは、「うまくいかなくて、いやな気持ちなんだよね。でも、たたくのはいけないよ」というように、気持ちを受け止めたうえで制止します。

指導者が子どもの気持ちを言語化してあげることで、子どもは、自分の気持ちをわかってもらえたという感覚を得ることができ、信頼関係が築きやすくなります。

スキル③ 一貫性と柔軟性

場面や状況にかかわりなく、だめなものはだめ、ルールはルールといった一貫した態度をとることも大切です。ルールや基準が一貫していることは、「わかりやすさ」につながります。

ただし、不適応行動に対し、あれもこれもと多くのことを一度に注意したり、長々とお説教をしたりすることは逆効果となります。約束やルールは、短いことばやキーワードで、簡潔に、しかも淡々と（感情的にではなく）伝えることが効果的です。

一方、社会性の成長がみられた子どもに対しては、ルールの適用は「時と場合と状況」（ＴＰＯ）によることを示すとよいでしょう。「まぁ、いいや」と大目にみる状況、「ほどほど」ですませる場面があることを、たとえば、指導者が積極的にモデルを示したりして理解させていきます。

スキル④ 社会的場面の交通整理

発達障害のある子どもは状況理解の弱さがあり、どのような状況でスキルを使えばよいのかがわからない場合が少なくありません。困った状況が起きたとき、「いつ、どこで、だれが、だれに対して、何をしたのか。その結果どうなったのか」という、問題場面の交通整理をしてあげる必要があります。

また、本人の気持ちも言語化するなどして理解を示したうえで、トラブルの相手がどんな気持ちになったのかということに焦点を当てるようにします。状況や因果関係が理解できると、子どもが、自分からどうしたらいいかを見いだせる場合があります。

スキル⑤ ちょっとした意地悪

スキルをさまざまな場面で柔軟に応用できるようにするために、あえて「とまどい場面」をつくって子どもを困らせ、その状況をどう乗り越えるかを試す機会も必要です。たとえば、作業に必要なのりとハサミをひとりひとつずつではなく、グループにひとつずつ配り、交代で使ったり貸し借りしなければならない場面をつくるのです。このとき、「交代で使いなさい」と指示するだけでなく、子ども自身に自分でどうしたらいいか考えさせたり、工夫させたりする機会は、問題解決能力を向上させることにつながります。

ただし、子どもをひどく困らせて「本当の意地悪」にならないような配慮が求められます。

スキル⑥ ホットな心とクールな頭

指導者には、「クールな頭」で冷静に状況を分析し、自分のなかに起きている感情（焦《あせ》り、怒り、不安など）も理解しながら、子どもにとって長期的視点でプラスになるようなかかわりをもっていくことが求められます。一方で、子どもと真剣に向き合い、ホットな心をもって支援・指導をしていく態度も必要です。

このことは、「親支援」においても同様です。子どものことで親も悩みを抱えており、苦しんだり、不安を感じたりしていることが少なくありません。ときには、親が感情をぶつけてくることもあるでしょう。しかし、親の心の不安定さも受け止めたうえで、クールに、かつ熱意をもって対応すべきです。

スキル⑦ 学びとる姿勢（省察）

われわれは、発達障害のある子どもの指導・支援に長年携わってきた先輩たちをはじめ、ともに臨床を行う仲間や後輩たちからも、多くの刺激を受けることができます。ほかの指導者のスキルに触れることで、自分のやり方の再確認を行ったり、その方法を試しに取り入れてみたりして、自身のスキルを磨いていく姿勢が必要でしょう。

子どものようすも、子どもを取り巻く環境も年々変化していき、自分が経験してきた財産だけで指導を行っていくことには限界があります。仲間と率直に意見交換をし、自己修正、自己調整ができる指導者になりたいものです。

通級指導教室や特別支援学級での指導

学校教育のなかでソーシャルスキル指導を行う場として、通級や特別支援学級があります。こうした場では、構造化した指導と、自由度の高い時間を組み合わせて指導を行っていくことが大切です。

通級指導教室とは

学校教育のなかで、発達障害のある子どもへの社会性指導を行う場として、通級指導教室があります。「通級による指導」とは、通常の学級に在籍しながら、週1日程度、通級指導教室が設置されている学校に通い、専門的な指導を受ける教育形態のことです。

全国的には、平成5年に法制化されたもので、その多くは言語障害の通級指導教室（通称「ことばの教室」）です。一方、「通級指導教室」ではなく「通級指導学級」として認可し、先駆的に通級指導を行ってきた東京都では、発達障害などにより社会性に課題のある子どもを対象に、情緒障害等通級指導学級（通称「コミュニケーションの教室」）における指導を行っています。

また、近年、言語障害通級指導学級でも、コミュニケーションに課題のある子どもが増えていることから、小集団による社会性指導を始めているところもみられるようになっています。

通級指導の内容

通級における指導内容の中心は「自立活動」です。指導者は子どもの表面的な状態に振り回されることなく、自分たちの指導の位置づけをつねに意識しながら取り組んでいくことが求められます。

自立活動は6区分26項目から構成されています。それぞれの項目が発達の課題のある子どもたちにとっては重要なものです。

なかでも、「人間関係の形成」（⑴他者とのかかわりの基礎に関すること、⑵他者の意図や感情の理解に関すること、⑶自己の理解と行動の調整に関すること、⑷集団への参加の基礎に関することなど）は、ソーシャルスキル指導の中心となる項目です。

指導者は、子どもの表面的な状態像だけでなく、適切なアセスメントを行い、個別の指導計画（別冊1ページ参照）に基づいた指導を行うことが大切です。自分たちの指導の位置づけをつねに意識しながら、日々の指導に取りくんでいくことが求められます。

もうひとつの指導内容の柱に「教科の補充指導」があります。

これについては、「学習の遅れを取り戻すための補習」と誤解されやすいですが、実際に行う指導は、認知の偏《かたよ》りの直接的な改善のための指導や、その子なりの学習の方略を見つけるための指導になります。

通級指導の形態

通級による指導は、月1回1時間～週2日8時間までと定められています。たとえば、東京都の情緒障害等通級指導学級の多くは「1日通級（半日通級）」、「個別指導」と「小集団指導」が行われています。「1日通級」とは、特定の曜日に、朝の登校時から給食・掃除、帰りの会までの1日の大半を通級で過ごす形態です。小集団指導の時間と個別指導の時間を組み合わせた指導が行われるのが一般的です。通級に通う子どもは、通常の学級では、集団が大きすぎたり、社会性の成熟度に差がありすぎたりするために、うまく学べないことが多いのです。

そこで、通級では、学年が近く、近似した課題を抱えた子どもたち5～6人の小集団を意図的につくり、社会性を育む指導を行います。こうした場で子どもどうしが学び合うことで、指導の効果を高めることができます。

ソーシャルスキルの指導では、「実際の生活場面での般化」が大きなテーマとなります。基本的には、成功体験を重ねることが大前提ですが、葛藤《かっとう》場面をつくらず、受容的な対応ばかりとるのではなく、ときには、あえて課題に直面させて乗り越えさせることも大事なことです。乗り越えていける場を共有することにより、在籍学級での般化につなげられるような目標設定を、在籍学級担任に助言することも可能になります。また、給食や掃除など生活面の課題にかかわる指導も重要です。構造化された場で、枠組みをはっきりさせた状態で指導する時間と、自由度のある時間とのバランスを、子どもの実態に合わせて調整していくことが必要です。

指導体制のあり方

通級指導を行ううえでは、複数担任によるティームティーチングが欠かせません。特に、自閉症スペクトラム障害のある子どもは独特の対人認知の特性があるため、場に応じて、主導的に指導する役（T1＝メインティーチャー）とサポート役（T2～＝アシスタントティーチャー）が明確に区別されているほうがよいといえます。この特性をうまく利用して、連携のとれたティームティーチングを行うことも、指導効果を高めるポイントです。

特別支援学級での指導

特別支援学級においても、近年、知的障害は軽度かボーダーラインにあり、ＡＤＨＤ、自閉症スペクトラム障害などの発達障害の診断がついている子どもが増えています。こうした子どもたちは、従来の中重度の知的障害とは異なる部分もみられるため、指導者のなかには対応の難しさを感じている人も少なくないかもしれません。

特別支援学級は、子どもが毎日、学校生活を送る場ですから、ソーシャルスキルの指導時間を意図的に設定することは難しいかもしれませんが、通級と同様に、構造化した指導と自由度のある時間とのバランスを加味しながら、ソーシャルスキル指導の視点を取り入れて指導の場をつくっていく必要があるでしょう。

チームアプローチ ～指導者の役割分担と連携～

グループでソーシャルスキル指導を行う場合、役割分担をした複数の指導者がチームを組み、連携しながら実施するのが効果的です。この場合、指導者どうしのチームワークが重要になります。

チーム援助とは

ソーシャルスキル指導をグループ形態で行うときは、指導者もチームを組んで指導します（「チーム援助」）。チーム援助では、各指導者の役割分担をしっかりと定め、互いにうまく連携をとることが重要です。

　小集団で学習する場合、子どもの数が3～10人程度の人数を基本とし、指導者は2～4人配置できることが望ましいといえます。

　指導者の数は多いほどよいというわけではありません。指導者が多すぎると、子どもの集中力や子どもどうしの関係形成を妨げる要因となることもあるため、注意を要します。ただし、個別的介入をより多く必要とする子ども（幼児や小学校低学年の児童）の場合は、子どもと指導者の比率が1対1くらいが理想的です。

　チーム援助では、全体の指導を主導的に進めるメインティーチャー（T1）と、個々の子どもに個別的に介入したり、補助的に動いたりするアシスタントティーチャー（T2～）に分かれ、役割分担をして指導にあたります。

チームワークがカギを握る

　チーム援助によるソーシャルスキル指導では、指導者どうしのチームワークをうまく機能させることが肝心です。そのためには、ひとりひとりの指導者が授業（指導）のねらいを十分理解したうえで、互いにカバーし合ったり、サポートし合ったりする姿勢が欠かせません。さらに、次のような点に留意する必要があります。

- 子どもへの情報発信源が複数にならないようにする。
- めあて、目標、実態の共通理解に努め、ルールや子どもへのかかわり方は統一させておく。
- PDCAサイクルを実践し、話し合いの機会を定期的、または必要に応じてもつ。

「PDCAサイクル」とは、「Plan（計画）→Do（実行）→Check（評価）→Act（修正）」の一連の流れのことで、「Act」のあと、再び「Plan」に戻り、その流れを循環させていきます。

　また、学期ごとに指導計画の内容について話し合いを行うことを基本とし、これに加えて、毎週、授業の振返りと、それを踏まえた次週の計画を立てていく話し合いも行っていきます。

　子どもの実態や状況に即して、計画

は実施の途中であっても、臨機応変に見直しをしていく必要があります。実態に合わない（難しすぎたり、簡単すぎたりなど）計画を続けていると、子どもの集中や意欲が途切れてしまうため、こまめなチェックが求められます。

グループの構成に配慮を

ソーシャルスキル指導の大部分は小集団で行われます。グループのなかで行われる指導では、同じグループの仲間も「環境」のひとつであり、その影響を少なからず受けることになります。

元気な子どもが多ければ、グループ内の雰囲気は明るく、活動的になりますが、そうした子どもたちに引っ張られて、ほかの子どもの集中がそれてしまったり、落ち着きがなくなってしまったりすることがあります。

また、仲間がいる環境では、モデリング効果を得られたり、実際の人間関係のなかでリハーサルができたりするため、生きたソーシャルスキルが学べるというメリットもあります。

グループ指導において一定の成果を上げるためには、グループの構成に十分な配慮が必要だといえます。

グループ構成の際のポイントとして、次の5つの点があげられます。

- 知的水準、社会性水準がある程度そろっていること
- 興味関心や学習目標がある程度共通していること
- 年齢、学年がある程度一致していること
- 問題行動が頻発する、自傷《じしょう》他害《たがい》（いじめも含む）がみられる、集団参加への不安が強い子は、個別指導からスタートさせることもある
- ソーシャルスキル指導への動機づけが低い子ども、指導への抵抗感が強い子どもの場合は、ソーシャルスキル指導の対象とはなりにくいため、ほかの支援アプローチも検討する

メインティーチャーとアシスタントティーチャーの役割

メインティーチャー（T1）：1人

- 全体指示、グループの仕切り、運営、場の雰囲気づくり
- めあて、ルール、スキルを全体で取り上げる。ゲームや活動のファシリテーション*を行う
- 子どもの注意を前に向けさせる

ポイント① 声のトーン、話すスピード、表情や動作をうまく使い分ける

アシスタントティーチャー（T2〜）：複数名

- 子どもが活動に参加できるよう個別教示、補助、促しを行う
- 意識はT1に向けさせる。メイン指導者の意図を察して動く
- めあてやルールを個別に提示したり、フィードバックする（必要に応じて）
- ロールプレイング、モデリング提示などの実演者となる（必要に応じて）
- パニックや問題行動への対応、クールダウンなどを促す（必要に応じて）
- 記録をとる

ポイント① 小声でさりげなく介入（全体のじゃまにならないように）
ポイント② 集中を妨げる刺激を排除する（騒ぎ合う子どもの間に入るなど）
ポイント③ ひとりひとりの子どもを個別にフォローする

＊ファシリテーション…参加者が現状を共有し、主体的に取り組みにかかわれるように働きかけを行い、プログラムを進行していくこと

教室の環境設定（構造化）

効果的なソーシャルスキル指導を行うためには、指導を行う場所の環境調整も大切です。刺激を少なくし集中しやすくしたり、見通しがつけやすい環境設定にすることがポイントとなります。

教室の構造化をはかる

ＡＤＨＤや自閉症スペクトラム障害などの子どもに対して、療育や支援アプローチを行う際には、環境そのものに気を配る必要があります。物理的な刺激が少なく、何をすべきなのか、子どもが見通しをつけやすい環境のセッティングが重要視されます。

指導を行う教室として、一般的には次の３つのスペースが必要となります。

①教室（机上学習のためのスペース）

②プレイルーム（体を動かして遊べる、体育館のようなスペース）

③個別スペース（個別学習やクールダウンするためのスペース）

３つの部屋を別々に設置することが難しい場合は、ひとつの教室をパーテーションなどで区切って、３つのスペースを確保します。たとえば、教室の前のほうを机上学習のためのスペース（着席して取り組む活動をする場所）、教室の後ろのほうをプレイスペース（軽い動きのある活動ができる場所）、クールダウンスペースは、教室の隅や廊下につくります。

指導を行う教室

大部分の活動を行う場所が教室（着席して取り組む活動のためのスペース）になります。年齢や子どもの状態によって、机やいすの配置のしかたなどを多少変えることはありますが、一般的には、左ページのイラスト（教室の環境設定）のようになります。

掲示物はできるだけ減らし、壁面をすっきりとさせておくと、子どもが気を取られることがなく、集中しやすくなります。

また、活動（授業）ごとに使用する掲示物や教材などは、ふだんは見えないように棚やボックスのなかにしまっておき、必要時のみ取り出すようにします。ボックスの引き出しや取り出し口は、黒板側に向け、子どもの注意が向かないようにします。

このほか、口頭の指示（耳から聞くだけの指示）のみでは、注意を向けたり、理解したりすることが困難な子どもも多いため、視覚的な指示が出せるように、黒板を有効に使うこともポイントのひとつです。

ただし、あらゆる内容を板書するのではなく、要点やポイントなど、大事なことをピックアップし、必要最小限に示すことが大切です。

教室の環境設定

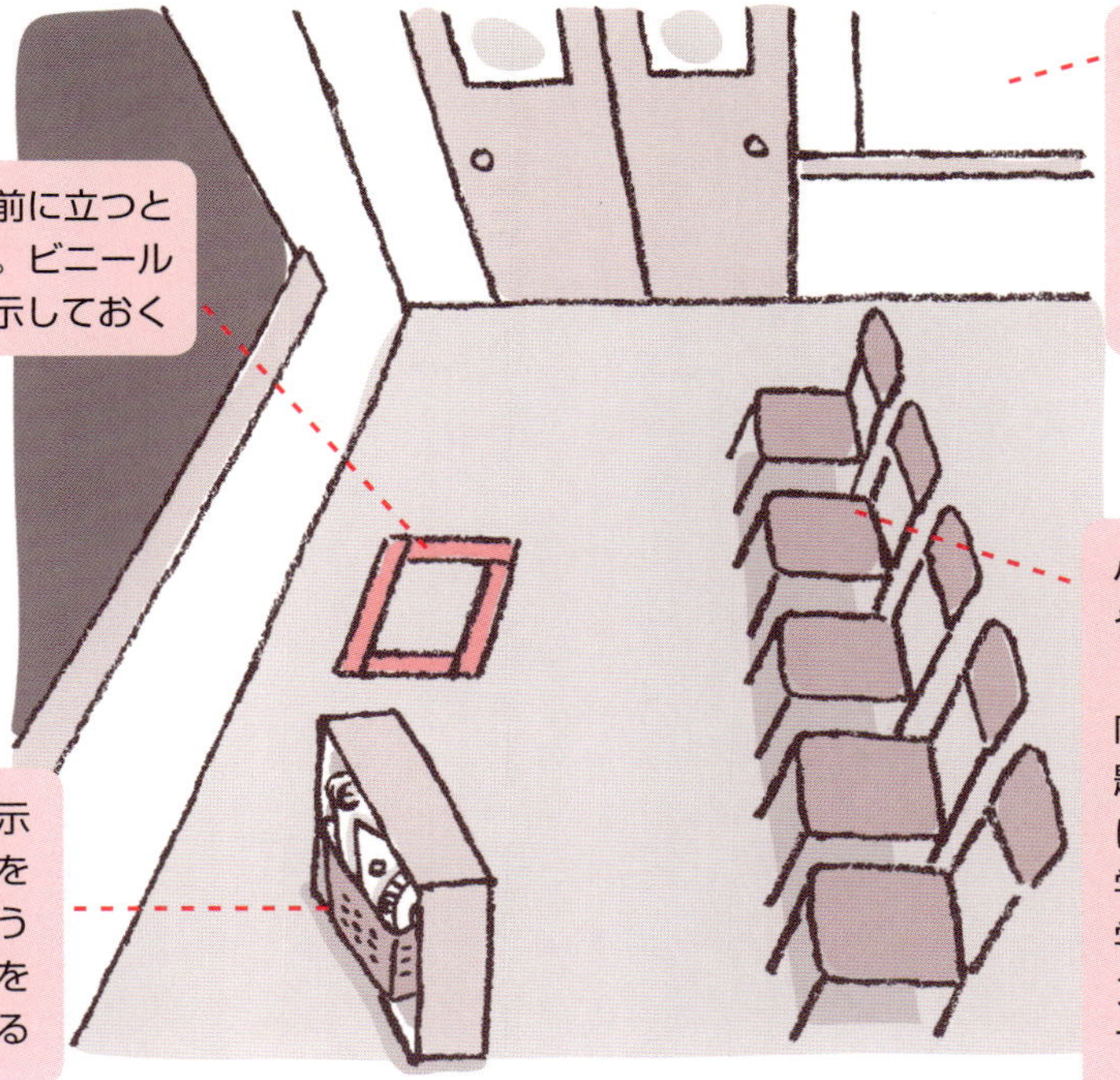

発表や日直で前に立つときの立ち位置。ビニールテープなどで示しておく

掲示物などはできるだけなくし、シンプルにしておく。窓がある場合は、カーテンを閉めて、外に目が行かないようにしておく

活動ごとの掲示物や教材などを取り出せるように、教卓や棚をうまく利用する

小集団指導の場合、幼児や低学年では、座席は横1列にして、前に注意を向けやすくする。机上課題を行うときなど、必要に応じて机を出す。

学習態勢が形成された高学年や中学生の場合、メンバーで机を囲み、座ってやり取りが膨らませられるようにしてもよい

黒板の使い方

黒板は一番気をつかうところ。メンバーの名前、教室のルール、その日のスケジュールなどを書く。掲示物は、活動ごとに貼り出したり、しまったりする

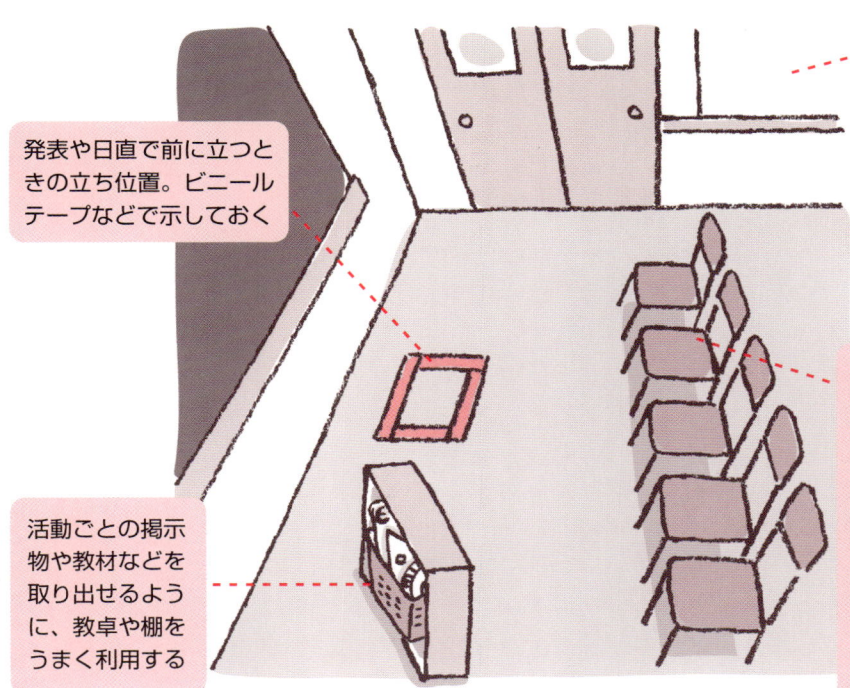

プレイルームの環境設定

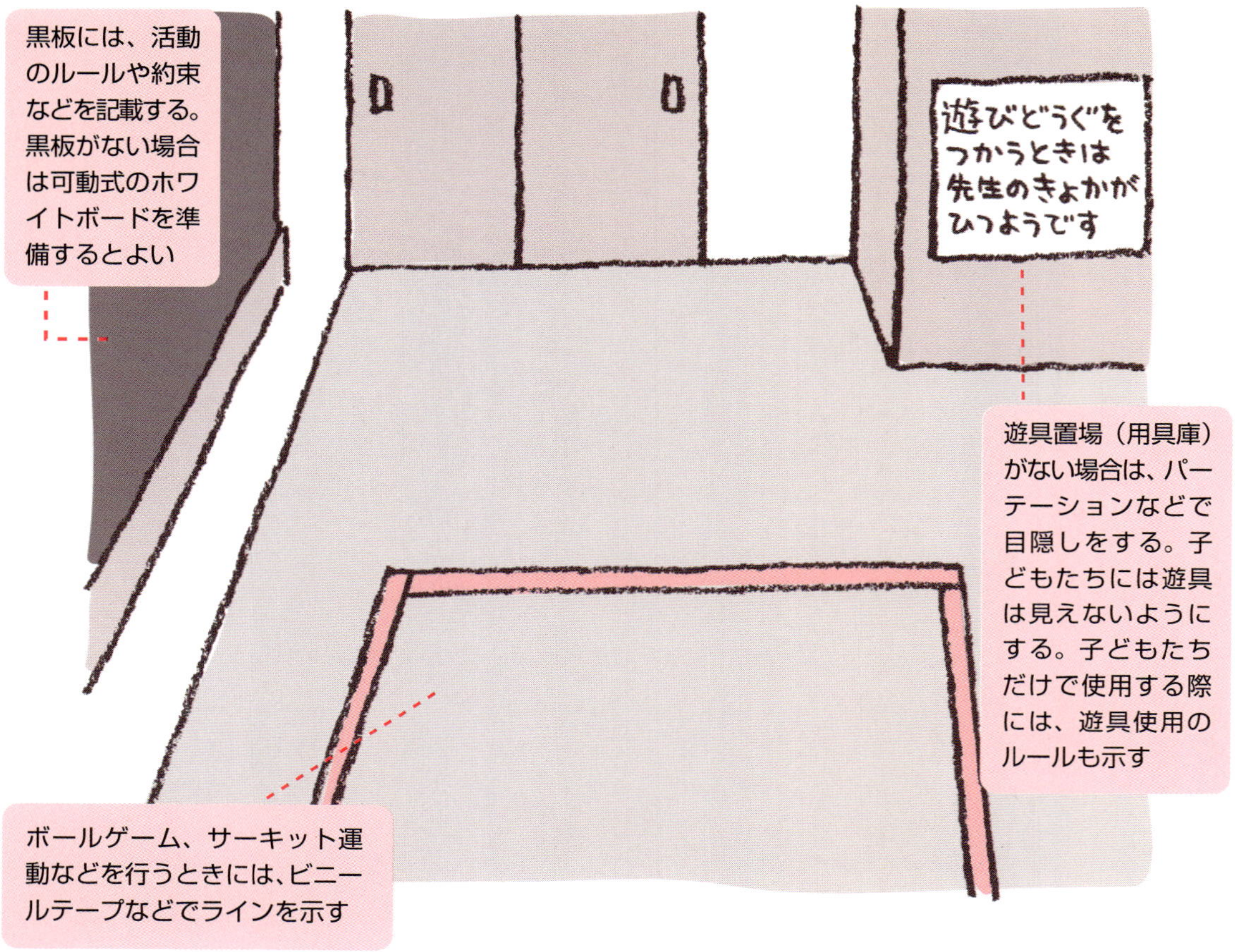
黒板には、活動のルールや約束などを記載する。黒板がない場合は可動式のホワイトボードを準備するとよい
遊びどうぐをつかうときは先生のきょかがひつようです
遊具置場（用具庫）がない場合は、パーテーションなどで目隠しをする。子どもたちには遊具は見えないようにする。子どもたちだけで使用する際には、遊具使用のルールも示す
ボールゲーム、サーキット運動などを行うときには、ビニールテープなどでラインを示す

プレイルーム

ソーシャルスキル指導では、体を動かすゲームや遊び、サーキット運動などの運動課題を頻繁に行います。また、休み時間などは、子どもたちが、一定のルールのもとで、仲間と自由に遊ぶ機会もつくります。着席したままの活動がメインとなる教室とは別に、プレイスペースがあるとよいでしょう。

プレイスペースでボールゲームやサーキット運動などを行う際は、ビニールテープやカラーコーンを使って、床の上に動く場所を示しておくと、子どもたちがスムーズに動けます。

また、黒板には、活動のルールや約束事を明記します。体育館のように黒板のないスペースでは、可動式のホワイトボードなどを使うとよいでしょう。

このほか、活動に使わない遊具や運動用具は、子どもの目につくと注意がそれてしまうため、用具置き場にしまっておきます。用具置き場がない場所では、パーテーションなどで目隠しをすることがすすめられます。

クールダウンスペース

子どもが興奮してしまったとき、周囲から切り離して個別に指導する必要がある場合は、さらに刺激の少ない、落ち着いた狭いスペースを活用します。グループ指導を行う部屋の近くに、個別指導のための小部屋があるときは、そこを利用します。そうしたスペースがないときは、教室のなかに、パーテーションなどでクールダウンコーナーを設けます。幼児の場合は、段ボールで部屋をつくってもよいでしょう。

活用する前に、クールダウンスペースを、どのようなときに使うのかを子どもに説明し、理解させておきます。指導者から「落ち着こうね」と促されて活用するケースもあれば、子ども自身から「休憩します」と申し出るケースもあります。

クールダウンコーナーには、遊具や本などは置かず、やや暗めの静かな場所にしておきます。怒りやイライラのコントロールが難しい子のために、たたいてもよいクッションなどを置いておくこともあります。

子どもをクールダウンさせるときは、指導者がひとり付き添うこともありますが、基本的にはひとりで落ち着かせ、興奮がおさまるのを待ってから、子どもの気持ちや状態を確認したり、ルールを話し合ったりします。

クールダウンスペースのつくり方

パーテーションのスペース

使用する際のルールも明示しておくとよい

段ボールのスペース（幼児用）

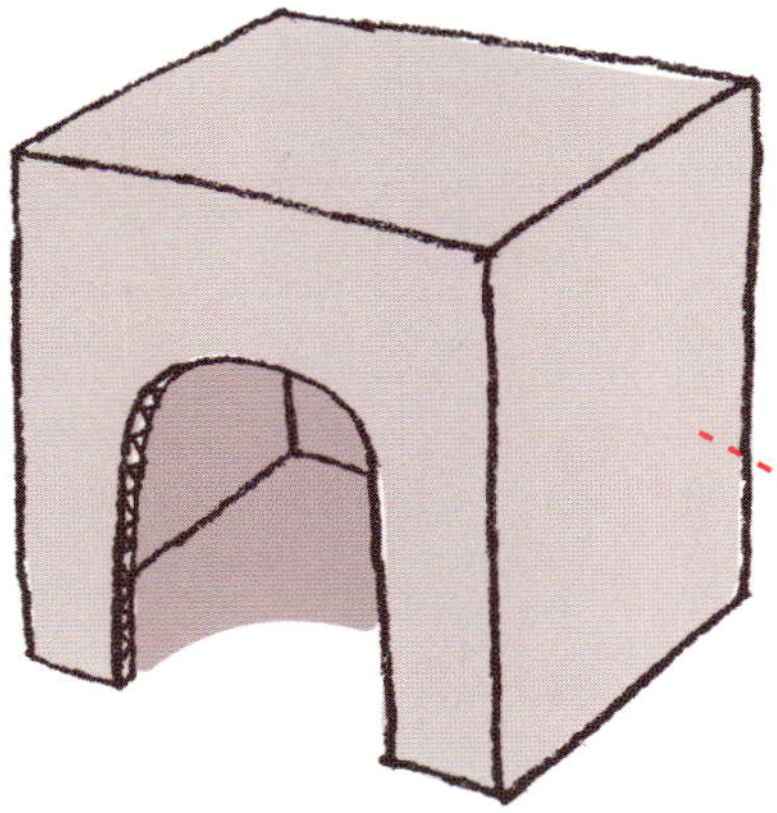

自由遊びのときに遊べる遊具として、子どもたちと制作してもよい。指導のときには、部屋の片隅や廊下に置いておき、クールダウンコーナーとしても活用できる

掲示物やシンボルカードのつくり方

口頭の指示や指導が伝わりにくい子どものためには、掲示物やシンボルカードを活用することをすすめます。簡潔なことばやシンプルなイラストを使い、わかりやすさに重点をおきます。

シンプルに示す

活動やゲームを行うとき、やり方やルールを口頭で伝えるだけでは、十分理解されないことがあります。こうした場合、行動手順表やルール表を掲示物にしたものを視覚的に示すことで、子どもの理解が促されることがよくあります。

掲示物は、わかりやすさを重点において作成します。活動や作業の流れは、手順を示す（継次的）ことと、イラストや写真を添えて視覚的に示す（同時的）ことの、両方のポイントを押さえることが重要になります。

また、指示などを瞬時に示す絵カードやシンボルカードなどは、キーワードとイラストのみでシンプルに示すことが大切です。

行動手順表の例
（「かりるときのルール」）

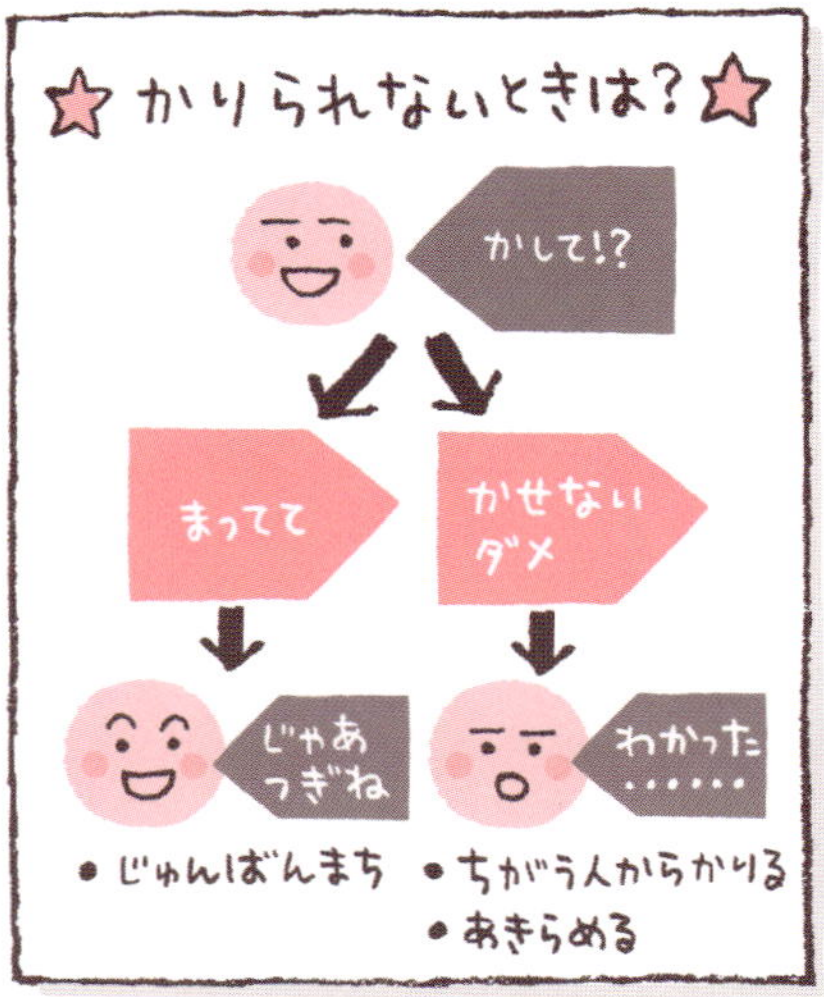

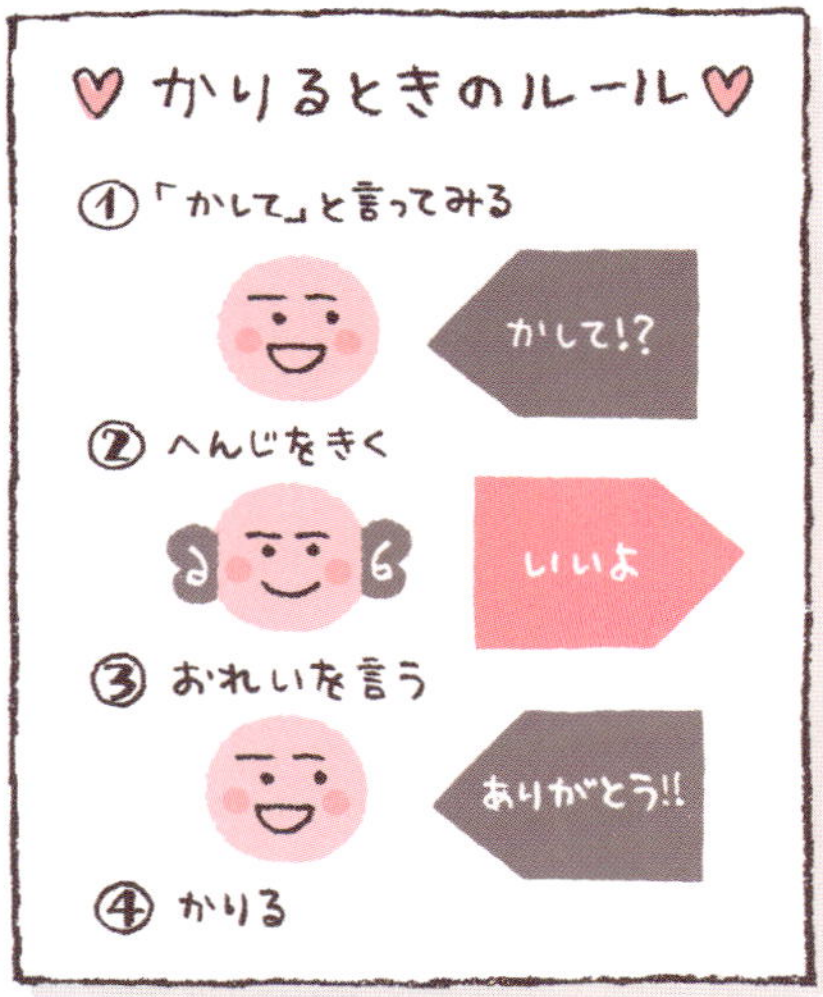

「朝の会」で使用した
ばっちりカードの例
（41ページ参照）

活動表の例

「サバイバル・ドッチ」で、気持ちの切り替えを指導したときの活動表

（対象児童：小学校２、３年生）

※負けても怒らないで続けること、気持ちを切り替えることをねらって行った指導。（66ページ参照）

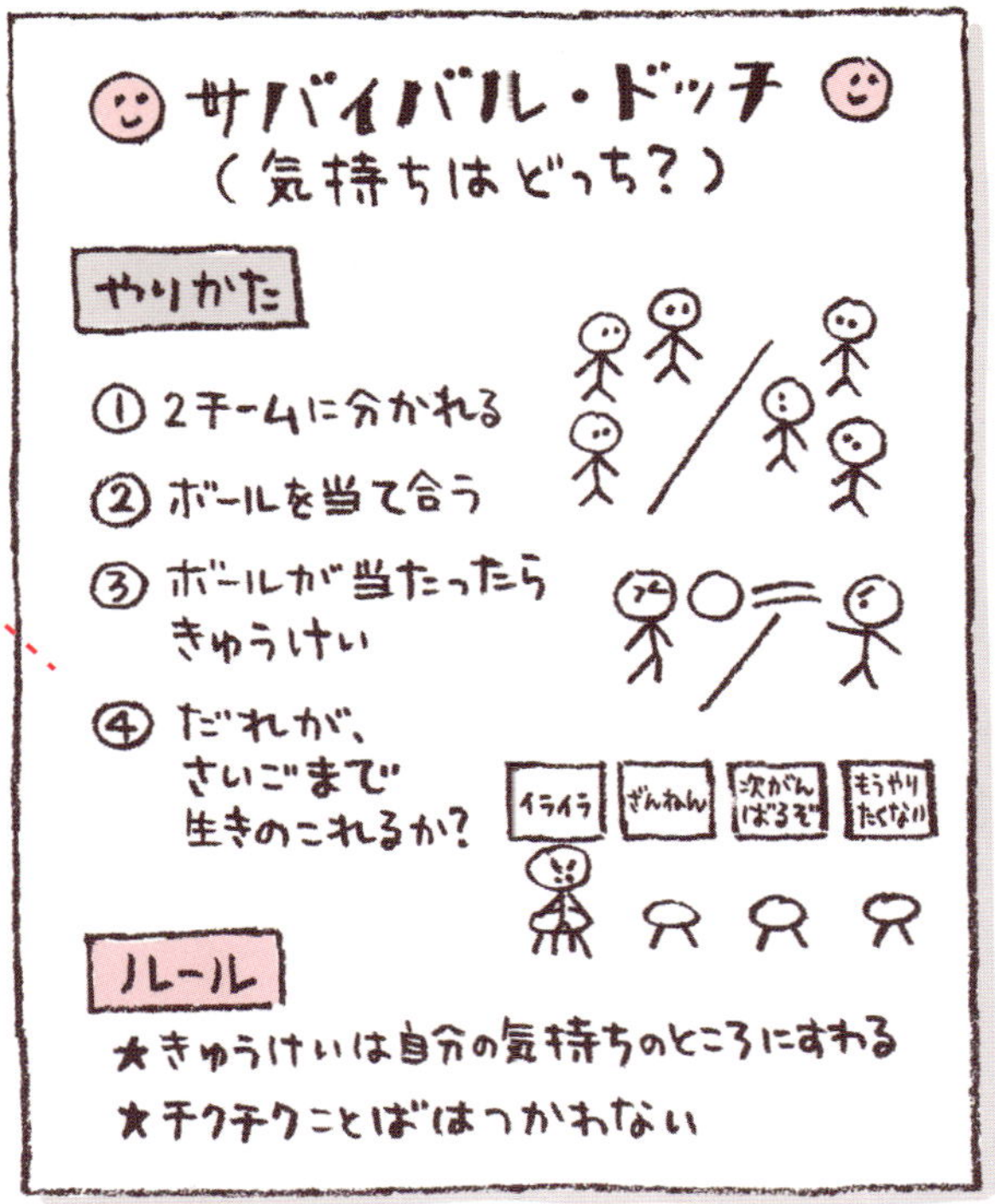

ワークシートの例

トークンエコノミーで使用した振り返りワークシート

子どもと先生でめあてを振り返り、達成したぶんだけシールを渡す。30ポイントたまったら特権がある。

※基本的にはワークシートには、注意がそれないように余計なイラストなどは入れない。しかし、トークンエコノミーで用いるワークシートなので、例外的に子どものモチベーションを高めるため、イラストを多用して魅力的なものにする場合がある。

子ども理解のためのアセスメント

ソーシャルスキルの指導内容・指導方法は、子どもによって異なります。ひとりひとりの困難の背景（認知特性や障害特性）をきちんとアセスメントし、その子に適した指導を行う必要があります。

アセスメント（実態把握）の大切さ

ソーシャルスキルの指導内容や指導方法には決まったパターンがあるわけではなく、子どもの状態や特性に応じて、より適した内容・方法が選択されるべきです。効果的な指導を行うためには、子どもをよく理解することがきわめて重要です。

子どものソーシャルスキルの状態だけでなく、困難の背景にある認知特性や障害特性についても、専門家による評価や判断も含め、きちんとしたアセスメントが必要です。

アセスメントの方法

知能検査や認知検査などの「検査法」（WISC-Ⅳなど）や、ソーシャルスキルの「チェックリスト」による、評価や判断などがあります。それだけでなく、子どもと身近に接している保護者、関係者からの情報の聞き取りや、指導者自身が子どもの状況を直接観察すること（「行動観察」）も重要なアセスメントの方法です。

アセスメントした情報は「実態把握シート」（別冊2～3ページ参照）に記載して、子どもの特徴・特性をまとめておくことが求められます。さらに、どのようなソーシャルスキルを指導するのか決定するために、子どもの状態をある程度把握できた時期に、「目標設定チェックリスト」（別冊4～5ページ参照）で、スキルチェックを実施しておくとよいでしょう。

子どもの障害特性をおさえる

指導を組み立てていくときに重要になるのが、障害特性の把握です。どこに弱さがあるのかで、援助方法や指導目標も違ってきます。おさえておきたい特性には、「知的能力」「言語能力」「注意集中・衝動性のコントロール」などがあります。

アセスメントの方法

- **行動観察法（直接本人をみる）**
  …学習場面、休み時間、教室移動、給食や掃除の本人のようすを直接みる
- **面接法（関係者からの情報の聞き取り）**
  …主訴（主要な症状）、生育歴、現在の状況、方針など。指導前後の保護者との立ち話の機会でさえ貴重である
- **心理検査法**
  …WISC-Ⅳ、DN-CAS、K-ABCなど。検査バッテリーを組む
- **チェックリスト法**
  …各機関で作成されたもの、LDI、ADHD-RS、CBCL-TRFなど

社会性の弱さに関係する障害特性

知的能力

知的理解力が弱い子どもは、スキルの学びがゆっくりであったり、会話や周りの流れについていけなかったりする

言語能力

言語面（理解・表現）に弱さがある子どもは、自己表現が苦手

ジョイントアテンション・心の理論

他者と注意を共有したり（ジョイントアテンション）、相手の気持ちを理解したり（心の理論）することが苦手な子は、状況に沿った行動や人に合わせることに困難がある

こだわりや切り替え

自分の考えや、自分なりの行動パターンにこだわりやすい子どもは、融通《ゆうずう》がきかず、うまくスキルを発揮できない。また、行動や考え、気持ちの切り替えも苦手

注意集中・衝動性のコントロール

不注意・衝動性は、LD や自閉症スペクトラム障害の子どもにもよく見られる。わかっているのに、不注意なミスをくり返したり、行動を抑制（ブレーキ）できなかったりする

情緒の不安定

家庭の問題や学校でのトラブルから、気持ちの面に問題を抱える子どももいる

ソーシャルスキル指導を始める前に ～指導への動機づけ～

ソーシャルスキルを学ぶ意識を本人にもたせることが重要です。苦手な面ばかりを強調するのではなく、得意なことにも焦点を当て、子どもの自尊感情を高めつつ学習意欲を引き出すよう努めます。

指導への動機づけ

ソーシャルスキル指導で特に大切なことは、子ども自身が、ソーシャルスキルを学ぼうという意識（意欲）をもつことです。

自分が何につまずき、どんなことで困っているのか、そのために、どのようなソーシャルスキルが必要なのか、そして、それを身につけるために、どのような指導を受け、どのような活動を行えばよいのかということを、子ども本人、保護者、指導者で共通認識できていることが重要です。

ただし、学習の必要性を明らかにするために、子どもの苦手なこと、不得意なことばかりを取り上げ、強調してしまうと、子どもの自尊感情は損なわれ、自己否定的な考えに陥ってしまいます。そうならないよう、子どもの苦手な部分と同時に、得意なことや長所にも焦点を当て、得意不得意の自己理解を深めさせるようにします。

そのうえで、特有の苦手さのためにうまくいかない部分があり、それを改善するために、ソーシャルスキルが必要であること、ソーシャルスキルが身につけば、物事がスムーズに運ぶようになることを理解させます。

活動をやめたいと言われたら？

ソーシャルスキル指導の過程で、子どもがグループ活動をやめたいと訴えてくることがあります。また、訴えることはせずに、遅刻や欠席という形でやめたいという意思表示をする場合もあります。活動に関心がなくなるのは、子どものソーシャルスキル習得に対するモチベーションが低下するからです。こうした状況になる理由はいくつか考えられ、理由により対応方法も異なります。主なケースは次の3つです。

理由1 つまらない／グループが合わない

本人の課題と指導内容がマッチしていなければ、やりがいが出てきません。また、ただ教え込むだけの無機質な指導方法では、子どもも学ぶ楽しさが実感できません。こうしたケースでは、学ぶ楽しさや達成感が味わえるようなプログラム展開や、指導方法を心がけるようにします。このほか、グループのほかのメンバーと相性が合わないときは、グループ構成を考え直します。グループ構成は、年齢、知的水準、社会性の水準が近い子どもたちで構成するとうまくいきやすいでしょう。

理由② 不適応状況が改善された

不適応状況が改善され、学校生活や人間関係がうまく運ぶようになると、子どもは日常の生活や人間関係を優先させたくなります。こうしたケースで、子どもが確実にスキルを身につけ、どの場面でも安定してふるまえるようになったのであれば、指導を修了させてもよいでしょう。

　ただし、もう少し指導が必要だと判断される場合には、子どもにそのことを説明し、「3月までがんばってみよう」というように、期限を区切って活動を続けさせるようにします。そして、期限がきたところで、再度、子どもと保護者を交えて話し合いをし、活動を継続するかどうかを判断します。この際、子どもの希望だけで決めるのではなく、子どもの状態をしっかり見極めて、指導を修了すべきかどうか慎重に判断することが求められます。

理由③ 周囲の目が気になる

小学校高学年や中学生になると、自分だけが特別な活動に参加していることが気になり始めます。人からどう見られているか、どう評価されているかを意識し、みんなと違うということに敏感に反応し、強く抵抗感をもつようになる年ごろですから、指導者や保護者も、子どものそうした心情に配慮すべきです。そのうえで、ソーシャルスキルの必要性を理解させ、人からの評価とうまく折り合いをつけられるよう促すことが求められます。子どもとじっくり話し合い、いまの状況改善だけでなく、将来の人生（生活）も視野に入れ、ソーシャルスキルの重要性を説いていくべきでしょう。そして、子ども自身が納得したうえで、ソーシャルスキル指導を受けられるよう導きます。

入級プレゼンテーションの実践例

　通級をスタートするにあたり、通級に何のために通い、何を学習するかのイメージを子ども自身が持って通級することで、その後の指導がより効果的、またスムーズに行えます。なかには、通級に対してマイナスイメージや抵抗感をもっているケースもあります。こうした子どもに対しては、「やらされ感」を払拭《ふっしょく》させ、「なんだか楽しそう、よさそう、がんばれそう」というイメージをもってもらえるような働きかけが必要となります。

　こうしたことを踏まえ、筆者が行った動機づけの指導実践を紹介します。はじめに、通級はどんな所かの説明を図や絵を利用して行います（次ページ図…入級プレゼンテーション①）。

　次に、本人の困っていることを聞いたり、困っているであろうことを話し合ったりします。また、困っていること、苦手なことと同時に、得意なこともあることを説明します（次ページ図…入級プレゼンテーション②）。そのうえで、通級ではどんな学習をするかを簡単に説明します。

　最後に、親や先生の希望は伝えながら、通級でがんばるかどうか決めるのは自分自身であることを確認します（次ページ図…入級プレゼンテーション③）。

　本人が納得して通級がスタートできるように導くことが大切です。

入級プレゼンテーション①

通級ってどんなところ？

通級とは、「困っていることを少しでも “ニコニコ” に（改善）するためのトレーニングや学習をする所です」と伝える。本人の困っていることを聞いたり、自分で話せない場合は、本人の困っているであろうことを確認する。「気持ちの切り替えがうまくいかなくて困っているんだね。通級したら、○○という活動をしながら、切り替えの練習をしていくよ」など、どんな学習をするのかを大まかに説明する。

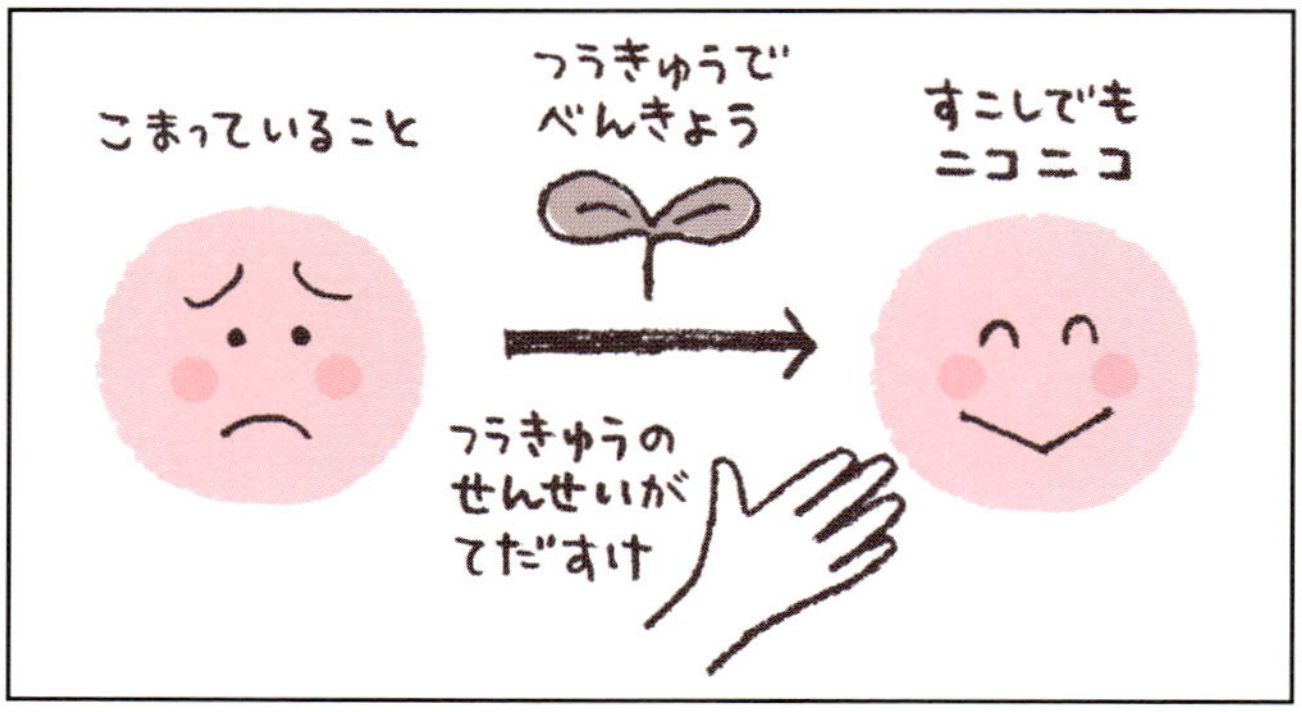

入級プレゼンテーション②

得意不得意の自己理解・先生の支援

子どもに、得意なことも含め自己理解してもらうために、この図を描いて説明する。たとえば、「あなたはいま 9 才だけど、自分の困っていることをきちんと話せるし、ことばのやりとりは学年以上のレベルだね。でも、気持ちの切り替えが不得意だよね。1 歩で 1 段上るのが難しいなら、はしごをかけて少しずつ上ればいいよ」というように説明する。

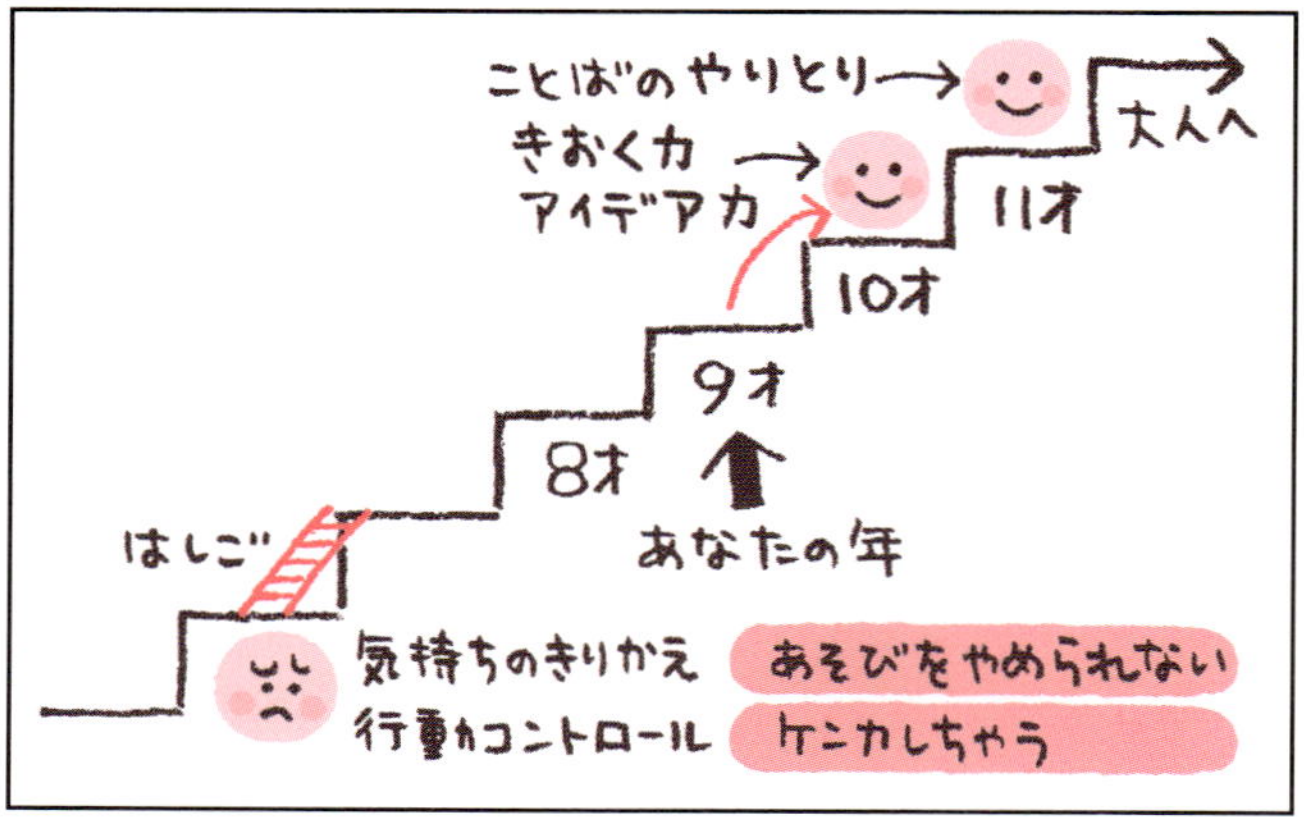

入級プレゼンテーション③

納得してスタートできるように

「困っていることを少しでも改善して、あなたのよさを伸ばすためにも、通級を始めた方がいいと思うけど、あなたはどう思う?」と親や先生の希望や現実の状況を伝えつつ、本人の考えや思いを聞く。時には、将来の見通し（次の学年の見通しなど）も視野に入れて話し合い、どうして通級などの特別な指導が必要かを伝えていく。プラスのイメージをもって、納得し、気持ちよくスタートできるように心がけることが大切。

※ 基本的には指導を開始することについては、保護者、指導者、専門機関などの大人で決定します。子どもの発達段階や年齢によって本人にどのように伝えていくのかは異なります。

2章

ソーシャルスキルの実例

スキル 1

着席する

離席せず、姿勢を保持しながら座っていることは、学校生活における最も基本的なスキルです。入学後や低学年の早い段階で、「着席指導」をしっかり行っておくことが大切だといえます。

困難の背景

集中力の弱さ、多動性、衝動性がある

視覚刺激、音刺激などの影響を受けやすく、注意がそれやすい。行動コントロールが弱く、つい動いてしまう

学校のルールがまだわかっていない

授業の受け方のルールをまだ理解しておらず、保育園や幼稚園での習慣が抜け切れていない

状況理解が難しく、マイペース

何をしたらいいかわからない、課題が難しい、つまらないなどの理由で取り組めない

自己コントロールの弱さがある

教室で、一定時間着席していることが困難で、体を動かしてしまったり、立ち歩いてしまったりする子どもがいます。これは、周りからの刺激（視覚刺激、音刺激など）に注意がそれてしまう、じっとしようとしても自己コントロールが利かないといった特性が背景にあります。

また、状況理解が難しく、マイペースな子も、着席が身についてない場合があります。このほか、入学間もないころは、保育園で自由に動いていた習慣を引きずっている子どももいます。授業中は着席するもの、先生の許可なく勝手に動いてはいけないという基本ルールを低学年のうちに身につける必要があります。

活動1

朝の会（始まりの会）

対象	幼児	小(低)	小(中)	小(高)	中学
形態	個別	ペア	小集団		

ねらい 本格的な指導を始める前の「導入」にあたる朝の会を通して、着席、きちんと立つこと、話を聞く態度などの基本的な学習態勢がとれるようにする。

朝の会(始まりの会)

朝の会は、日直の子どもが前に立って出席をとったり、今日のスケジュールを確認したりする、子どもの主導で行う会。会を進めるようすを指導者が横で見ながら、子どもたちの話す態度や聞く態度がきちんとできているかどうかをその場でフィードバック(評価)する。

朝の会のプログラム例

1．あいさつ、2．出席かくにん、3．日づけ・天気しらべ、4．めあてのかくにん

朝の会での指導

◆着席の方法を具体的に提示
着席の方法（足は床、手はひざ、前を向く、背すじはピンなど）を絵カードでわかりやすく表し、理解させる。

◆「ばっちりカード」による指導
子どもの態度や姿勢を見て、きちんと着席できているか、評価カード（「ばっちり」「おしい」「がんばろう」の３段階で即時評価する。
目…話す人のほうを見ているか
耳…話を聞いているか
口…おしゃべりしていないか
手…ひざの上に置いているか
足…床に下ろしてそろえているか
心…やる気がある、すぐに直そうとする　など

ばっちりカード

Cさん	Bさん	Aさん	
	ばっちり ばっちり	ばっちり ばっちり ばっちり	目
ばっちり	ばっちり	ばっちり	耳
がんばろう	ばっちり	ばっちり ばっちり	口
おしい	おしい	ばっちり	手
ばっちり		ばっちり	足
ばっちり ばっちり ばっちり	ばっちり ばっちり	ばっちり	心

【指導のポイント】

指導の開始後、関係ができるまでは、できるだけマイナス評価（「がんばろう」）は避ける。繰り返す中で、手いじりなどを修正しても長続きせずにまたやってしまう子に対しては、手の項目に「おしい」の評価をつけつつ、注意をされてすぐ直そうとする気持ちがいいね！と「心」の評価を「ばっちり」にするなどマイナス評価だけにならないよう、子どものようすを見ながら対応するとよい。

関連するスキル

■スキル２「見る」　■スキル３「聞く」
■スキル４「待つ」　■スキル５「ルールを守る」

指導1

コマ分け指導

対象	幼児	小(低)	小(中)	小(高)	中学
形態	個別	ペア	小集団		

ねらい 学習する態勢づくりの基本として、コマ分け指導により「着席する」ことを定着させる。

コマ分け指導でスモールステップ化

授業時間（指導時間）を３～５コマ程度に分け、複数の活動や移動などを組み合わせ、集中を持続できるプログラムを組む。それぞれの活動が短いので、多動や集中時間が短い子どもでも、参加しやすく、着席する経験を積ませやすい。

コマ分けの例

◆板書例

学習の予定
①あいさつ
②あいことば
③スピーチ
④フルーツバスケット
⑤ふりかえり

あと少しがんばったら 次はフルーツバスケットだよ
うん

指導例

指導のはじめに「よい座り方」のモデルを示し、ロールプレイを行う。必要に応じてばっちりカードやマグネットのポイントを活用し、即時フィードバックをして着席することを意識させ、できていることを認めて意欲の維持をはかる。

【指導のポイント】

着席指導は、特に低学年や入級したての子どもへいろいろな場面で繰り返し行い、定着を図ることが大切。定着が図れてきたら、ひとつの活動の時間を延ばし、５コマから３コマにしたり、ばっちりカードの視覚でのフィードバックをやめ、口頭でのフィードバックに変えるなどし、教室やいろいろな場面でできるよう（般化）にしていく。

関連するスキル

■スキル４「待つ」

定着化・般化のポイント

「よい座り方」を示す

よいしせい
①目は話している人を見る
②耳は話をよく聞く
③口はとじる
④手はひざにおく
⑤足はそろえて床につける
⑥背すじはまっすぐ

黒板や壁に「よい座り方」「よい姿勢」のモデルをイラストなどで表して掲示しておくとよい。体のどの部分をどのようにするのか、絵やことばで具体的に示しておくことが大切

最初に取り組むべき課題

授業や集団行動を行う際の基礎となる学習態勢には、着席する、見る、聞く、ルールを守るなどのスキルが必要です。なかでも、多動やマイペースさがある子どもが最初に取り組むべき課題が「着席する」です。

学習態勢に関するスキルを指導するときは、ゲームや特別な活動を行うよりも、生活のなかで、ルールやめあてを教えたり、適切なモデルを提示したり、そのつど細やかにフィードバックしたりする指導方法が適しています。子どもが勝手な行動をとったときには放置せず、具体的なルールをきっちり示していくことが大切です。

多動性や衝動性が顕著《けんちょ》な子どもの場合、医療機関で薬を処方されているケースがあります。この場合、薬効によって時限的に、多動性や衝動性が抑制されることがありますが、スキルが獲得されたわけではありません。薬により、生理的に落ち着いて学べる状態にあるときに、指導者がソーシャルスキル指導を行っていく必要があります。

家庭における環境調整も大切

家庭でも、食事の時間や宿題に取り組むときなどに、きちんと着席できるよう習慣づけを行っていくことを、保護者に働きかけていくことも大切です。

たとえば、食事中は席を立たないということをルール化し、家族で守ることを徹底します。その際、食事に集中できるよう、テレビはつけない、遊び道具や本などは食卓の周りに置かずに片づけるなど、刺激となるものを統制するなどの環境調整も必要になってきます。

宿題をするときも、机の上には宿題と関係ない物は置かない、きょうだいは別の部屋に移動させるなどして、気が散らないよう配慮します。また、課題量が多いときなど、小分けしたり、時間で区切ったりして取り組ませるようにすると有効です。

スキル 2

見る

指示を出す人に注意を向け、注目することは、授業や集団活動では欠かせない基本的なスキルです。低学年のうちに、注目する経験を積ませ、意識して「見る」よう指導することが求められます。

困難の背景

集中力が続かない

気が散りやすく、注意の持続が難しいため、話す人に注目することや、長く聞き続けることができない

人への関心が薄い

他者への関心や興味が薄く、他者と注意を共有できない。また、どこに注目したらいいかわからない

集中力の持続が難しい

ＡＤＨＤがあり、注意力の持続が困難な子どもでは、話している人に注目することができない場合があります。また、他者への関心が薄い自閉傾向のある子どもの場合、話している人に意識が向かず、どこに注目したらいいかわからなくなることがあります。

授業や集団活動において、意識して話している人に注意を向け、注目することは重要なスキルのひとつです。こうしたスキルが定着していないと、指示が理解できなかったり、集団活動に適応することができません。「見なさい」と口頭の指示を出すだけでなく、見る必然性を感じ取るゲームなどを通じて、「見る」ことの大切さを意識させていくことも行われます。

活動 1

見る修行

対象	幼児	小(低)	小(中)	小(高)	中学
形態	個別	ペア	小集団		

ねらい 「先生に注目していないと授業がわからなくなる」と気づかせ、そうならないために「見る修行」をすることが大切だと子どもたちに理解させ、実行できるようにする。

見る修行

（どの活動も５分程度でできるので、ウォーミングアップなどにも使える）

❶ **どっちの手に入っているか：** ピンポン球、消しゴム、おはじき、輪ゴムを左右の手に移動させ、子どもに当てさせて楽しむ➔指導者が動きながらやることでレベルアップがはかれる

❷ **だれの手に入っているか：** ①の要領を複数の指導者でやる

❸ **どこに入っているか：** いくつかの紙コップを伏せ、置いた消しゴムなどをどれかの紙コップで隠し、移動させる。消しゴムの入っている紙コップを子どもに当てさせる。紙コップの数を増やすと難しくなる

❹ **これな〜んだ：** 段ボールでミニ壁を２つ作り、卓上に置く。物や絵カード、文字カードなどを左の壁から右の壁に移動させ、壁と壁の間から見えた物を子どもに当てさせる

❺ **ジェスチャークイズ：**「○○を食べているところ」などのヒントカードを見せ、指導者のジェスチャーを見ながら何をしているところかを当てさせる

❻ **フルーツバスケット：** フルーツバスケットの応用で、ことばではなく、フルーツの絵カードを見て、移動させる。また、行動を促すときの指示を、ことばを使わずに、指導者自身が動きで見せたり、文字に書いて示したりすることで、指導者を見て行動する練習になる

これな〜んだ

２つの段ボールの壁のあいだを、物や絵カード、文字カードなどをすばやく移動させ、瞬間的に見えた物（カード）が何かを当てさせる。最初は少しゆっくり移動させ、慣れてきたらスピードアップをはかる

生活の中での意識づけ

教室移動や給食の準備のときなど、前に立つ先生（T1）に注目するよう促していく。しっかり座って先生を見ているグループから、「○○さんのグループOKです」と合図を出し、次のことをするように促す。グループの子どもが１人でも指示を出す先生（T1）に注目できていないときには、次の行動には移させない。T2が個別に子どもに気づかせるなどして注目できるようにしていく。

関連するスキル

■スキル４「待つ」　■スキル５「ルールを守る」

活動2

変身クイズ

対象	幼児	小(低)	小(中)	小(高)	中学

形態	個別	ペア	小集団

ねらい

変身する前と変身した後の違いを見つけるためには、短時間のうちに、相手のようすに注意深く注目しなければならない。変身クイズを通じて、大事なことに注目する練習をする。

変身クイズ

指導者が変身カードに指示された箇所を、ついたてに隠れて1カ所変身させてくる。子どもはどこが変わったかを当てる。

ゲームのやり方

変身前
変身後
○○先生の
シャツのそでが
まくってあります

❶ 指導者（T2）が前に出て、ゆっくり1回転し、着ている服などをみんなに見せる
❷ 指導者（T2）が変身カードを1枚引き、そこに指示されているように、ついたての陰に隠れて変身してくる

◆**変身の例**
- ズボンのすそやそでをまくる
- ネクタイをする
- 時計やアクセサリーを身につける

❸ 変身後、子どもの前に出てきてゆっくり回転し、どこが変わったかを当ててもらう
❹ 幼児や低学年の場合は、解答するときは挙手し、話型（話し方のパターン）に沿った答え方をさせる。話型は事前に掲示しておく。話型に沿っていない場合は不正解となる

◆**話型の例**
「○○先生の△△が、■■に変わりました」
「同じです」

【指導のポイント】

子どもたちの認知能力や言語能力、学年によって、変身する人を複数にしたり、変身する箇所を多くしたりして難易度を上げる。子どもどうしでチームに分かれ、互いの代表者が変身して当て合う、チーム対抗のゲームにしてもおもしろい。

関連するスキル

■スキル4「待つ」　■スキル22「ことばでのやりとり」

定着化・般化のポイント

相手を見る習慣づけを

子どもが、指導者の指示や説明を聞くとき、あいさつをするときなど、こちらを注目しているか確認し、必要に応じて注意する

「見る」ことを意識づける

「見る」指導は、どのような場面でもできます。たとえば、授業の始まりのあいさつのときに、子どもが指導者に注目しているか確認すべきです。また、今日の予定を読む場面、めあてを読む場面、スピーチの場面などでは、特に、子どもの注意が話している相手に向いているか確認し、そのつど指導することが求められます。

指導の際は、ただ指導者の方を見ればよいのではありません。話の内容に集中するためには聞く態度を整えなければならないことを意識させ、指導者に目を向けることで「見る力をつけている」という自覚をもたせることが大切だといえます。

注目を促す工夫

●**大切なときとそうでないときのメリハリをつける**…どんなときでも、注意しつづければよいというものではありません。先生は重要な場面を選んで、「今、大事だよ」と見るように促します。子ども自身が大切なときを自分で見極めて、「見る」行動がとれるように、メリハリをつけた対応が望まれます。

●**周りをほめる**…適切に注目している子どもたちをほめることで、注目できていない子どもたちに気づかせるきっかけを与えることができます。

●**注目しやすい位置へ**…気が散りやすい子の場合、前列の席にすると、黒板に注意が向きやすくなります。

また、校庭や体育館で話をするときは、指導者の立ち位置にも工夫が必要となります。ほかのクラスが近くで活動しているときには、そちらに注意が向かないよう、子どもたちに背を向けさせるように、指導者が立ち位置を変えるなどといった工夫をすると、気が散りにくくなります。

スキル 3

聞く

注意力の不足、ことばの理解能力の弱さなどがあると「聞く」ことにつまずきやすくなります。上手に聞くスキルの獲得とともに、聞き漏《も》らしたときのフォローが自分でできることも大事だといえます。

困難の背景

気が散ってしまう

ジョイントアテンション（他者と注意を共有する能力）が弱い

大事なこと言うよ！

ワーキングメモリーに弱さがある（長い話が理解しにくい）

……だから……なので……すると……だけど……

音が正確に認知できない

「はかま」と言います
うわぁ、「はかば」だってぇ！

さまざまな原因がある

言語能力に弱さがある子では、音韻《おんいん》認知の問題（正確に音を識別できない）があったり、全体の文脈でことばを理解できなかったりするために、話の内容がわからないことがあります。また、語彙《ごい》が少ないために、聞き取れても意味や内容が理解できないケースもあります。このほか、他者への関心が薄く、人の話を聞こうとする意識がもてない子、もともと集中力がなく、注意がそれてしまう子、ワーキングメモリー（短期記憶）に弱さがあり、長い言い回しについていけない子もいます。

それぞれの苦手な部分を把握したうえで、その子の弱点をカバーする支援が求められます。

活動1

ステレオクイズ

対象	幼児	小(低)	小(中)	小(高)	中学
形態	個別	ペア	小集団		

ねらい ことばを発する人に注目し、何を言っているか集中して聞けるようにする。

ステレオクイズ

複数の指導者がいっせいに発したことばを聞き分けるゲーム。

ゲームのやり方

❶2～3人の指導者が前に並んで立つ。「これから、先生たちがそれぞれ、同時に違うことばを言います。よ～く聞いて、だれが何と言ったのかを当ててください」

❷着席している子どもたちに向けて、「せーの」で、同時に異なることばを言う

例：A先生「うま」
　　B先生「うし」
　　C先生「くま」

❸答えがわかった子どもに答えてもらう。そのとき、答え方の話型を用いる

例：Dさん「○○先生が△△と言いました」
　　Eさん「同じです」

※注）聞き分けるコツとして、「1人の先生の口元に注目しているとわかる」などのヒントを伝えるのもよい。

❹慣れてきたら、子どもにも出題者になってもらう

【指導のポイントと応用】

- 子どもが複数のことばを聞き分けられないときは、1対1（DさんはA先生だけに耳を向けるというように）で聞き取るようにする。
- 子どものレベルに応じ、聞き分けやすいことばから始めるとよい（文字数や音がまったく異なることばどうしを組み合わせる＝「きゅうり」「うま」「すべりだい」のように）。
- 応用して1つの単語を分割してクイズにしてもよい（「あ」「ひ」「る」など）。

関連するスキル

■スキル1「着席する」 ■スキル2「見る」
■スキル5「ルールを守る」

活動2

席替えリスニング

対象	幼児	小(低)	小(中)	小(高)	中学
形態	個別	ペア	小集団		

ねらい 必要な情報を得るために、人の話をよく聞くことの大切さを学習する。うまく聞き取れなかったときの補償手段（聞き返すなど）も身につける。

席替えリスニングゲーム

…別冊12～13ページ参照

カードに書かれている情報を口頭で伝え合い、情報を統合し、チームで協力して動物たちの席替えを完成させるゲーム。

ゲームのやり方

❶2～3人に「マル秘情報カード」を配る
❷カードは、ほかの人に見せてはいけない。ことばのみのやりとりで伝えることを説明する
❸それぞれが言った情報を関連づけ、情報を統合して動物カードを正しい席順に並べていく

◆準備するもの
- マル秘情報カード
- 動物カード
- 座席シート

マル秘情報カード

マル秘情報カードの例

- サルは入り口のすぐ近くの席です
- イヌの前の動物は木登りが上手です
- ネズミはイヌとネコの間の席です
- ゾウはサルとライオンの間の席です　など

「動物村の学校の席替え」解答例

《動物カードを並べかえて正しい席順にする》

参考：日本学校GWT研究会編著『学校グループワーク・トレーニング3』（遊戯社）をもとに作成

【指導のポイント】

- 子どもの状態に合わせて問題をつくり、難易度を変えるとよい。必要の無い情報を入れたり（たとえば、サルはバナナが好きです　など）、席の数を増やすとおもしろい。
- ひとりの力では解決できないので、自然と協力するようになる。人の話を聞かないと答えが出ないので、よく聞こうとするようになる。聞き逃したり忘れてしまったら、「○○さんもう1回言ってください」など、聞き返すように促し、聞き取れなかったときの補償手段も教えていく。

関連するスキル

■スキル19「協力する」　■スキル22「ことばでのやりとり」

「聞く」ことが苦手な原因を知る

子どもにより、「聞く」ことが苦手な理由はさまざまです。それぞれの原因に応じた対処のしかたが求められます。

たとえば、不注意が原因の場合は、環境を整えれば聞けるようになるケースが少なくありません。気が散らないよう、周囲の刺激量を調整する（壁の掲示物を減らす、机の上の整理、周囲を整然とさせる、座席位置の配慮）ことで、集中して聞くことができるようになる場合があります。また、指導者が話したり、指示を出す前に、集中しにくい子にひと声かけ、子どもの注意を引きつけておくことも肝心です。

短期記憶が弱い子に対しては、短いことばで簡潔に話したり、全体に向けて話をしたあと、その子にだけ個別にもう一度要点を伝えるなどの指導が有効です。

大人は重要なことをしっかり伝えようと、同じことを違うことばで言い換えたり、たとえ話をして納得させようとしたりしますが、そうした強調のしかたが、子どもにとってはかえって混乱のもととなる場合があります。重要なことほど、短いことばでストレートに伝えることが大切です。

聞き漏らしたときの補償手段を教える

「聞く」ためのスキルも大切ですが、聞き漏《も》らしたときなどに、どのようにして補うか、その方法を知っておくことも大事です。先生に確かめに行く、近くの友だちに聞く、友だちの動きを見て合わせるなどの補償手段があることを理解し、そうした対応がとれるようになることが望まれます。

また、低学年の場合は、話した内容の要点をまとめたメモを渡したり、高学年であれば、自分でメモさせるなど、情報をより確実に伝えるための方法はいくつかあります。

苦手なことを克服させるだけでなく、代替手段、補償手段を用いて支援するアプローチも必要になります。

定着化・般化のポイント

注意を向けさせる

ひと声かけて注意を引きつけておいてから話す

短いことばで簡潔に話す

要点をまとめて短く話すと、最後まで聞ける

スキル4 待つ

衝動性の高い子は、「待つ」ことを苦手とします。集団生活においては、「待つ」ことを求められる場面がよくありますから、少しずつセルフコントロールができるよう促していく必要があります。

困難の背景

衝動性の高さ

話し終わるまで待てない

順番が待てない

出し抜けにしゃべってしまう

見通しが立てられない

衝動性の高さが背景にある

発達障害のある子には、衝動性の高さがみられることがよくあります。こうした子どもたちは「待つ」こと（順番待ちをする、話し終わるまで待つ、待ってから始めるなど）が苦手です。

順番待ちなら、いずれ順番が回ってくることや、順番にすると仲間と仲良く遊べることなどを理解させます。また、待ってから課題などを始める場合、説明を最後まで聞いたほうがうまくいくことを理解させましょう。

子どもは理屈ではわかっていても、衝動性はなかなか抑えられないものです。待つことでよい結果を得られた経験を積むことが、自信になり、セルフコントロールを形成していくことにつながります。

活動1

順番待ちゲーム

対象	幼児	小(低)	小(中)	小(高)	中学
形態	個別	ペア	小集団		

ねらい さまざまな活動を通して、「待つ」ことを意識し、実践できるようにしていく。

順番待ちゲーム

ゲームで順番を待つ

順番にプレイするカードゲームやシンプルなゲーム（どーんジャンケン、輪投げ、ボウリング、黒ひげ危機一発、ジェンガなど）で、「順番待ち」を経験させる。ゲーム前に、順番を待つことを意識させておき、ゲーム終了後のフィードバックでは、順番が守れたから楽しく遊べたことを確認する。

活動で説明を最後まで聞く

課題や作業に取り組む前に、指導者がやり方や注意点を説明する際、最後まで静かに説明を聞くこと、途中で質問したいことがあっても、あとで聞くことを指導する。

◆「質問タイム」の設定

あとで発言できることを保障するため「質問タイム」を設定する。説明中に発言しそうになった子どもには、「質問タイムまで待っていてください」と教示する。「質問タイム」まで待てた子どもは、しっかり評価する。

「質問タイム」の設定のしかた

ジェンガ
①ルール説明
②質問タイム
③やってみよう
④ふりかえり
質問は、「質問タイム」のときに聞きます
先生、両手を使ってもいいんですか？

人とペースを合わせるために待つ

自分のペースで勝手に事を進めてしまいがちな子（周りのようすに気が配れない子）は、周りの進捗状況に合わせて待つことができない。「周りを見てごらん」と声を掛け、全体で歩調を合わせることを意識させるようにする。

【指導のポイント】

- 幼児や低学年を対象とする場合、待ち時間が短くてすむゲームを選ぶ。待つことを重点的な指導のねらいとする場合は、勝敗が強調されるゲームやルールが複雑なゲームは避けたほうがよい。
- 調理や制作などを通しても、待つことを指導できる。

関連するスキル

■スキル１「着席する」 ■スキル２「見る」 ■スキル３「聞く」
■スキル６「人と合わせる」

活動 2

SSTすごろく

対象：幼児｜小(低)｜小(中)｜小(高)｜中学

形態：個別｜ペア｜小集団

ねらい

ゲームのなかで順番を守ったり、1回休みに従ったりできるようにする。すごろくは子どもに合わせて作るが、子どもたちと制作してもよい。

SST すごろく(ソーシャルスキルトレーニングすごろく)

…別冊 6 ～ 11 ページ参照

ソーシャルスキルの要素を取り入れたすごろく遊びを通して、さまざまなスキルを模擬《もぎ》的に経験させたり、知識をつけさせたりする。

SSTすごろくの作り方とルール

すごろくには、「1 回休み」「こんなときどうする？」「指令」などのマスを適宜もうける。

◆「1 回休み」のルール

次回を 1 回休まなければならないが、次々回には、サイコロを 2 回振ってよいことにする。1 回休みの損が帳消しになることを子どもに教示しておき、1 回休みで待つことを受け入れやすくする。子どもの状態により、「しゃべらないで静かに 1 回休み」としてもよい。

◆「こんなときどうする？」のルール

子どもの実態に応じた質問カードを用意しておき、その山から 1 枚引かせる。子どもは引いたカードの質問に答える。

質問カードの例：「3 年生が 1 年生をいじめていた。こんなときどうする？」「年上の人からいやなことを言われた。こんなときどうする？」「授業中に消しゴムを忘れたことに気づいた。こんなときどうする？」など。

◆「指令」のルール

子どもの実態に応じた指令カードを用意しておき、その山から 1 枚引かせる。子どもは引いたカードの指令に従う。

指令カードの例：「好きな食べ物を 1 つ言う」「苦手なことを発表する」など自己表現（アサーション）にかかわる内容や、「勝つまで右隣の人とじゃんけんする」「全員でしりとりを 10 回続ける」など相互にかかわらせる内容など。

関連するスキル

- スキル 5「ルールを守る」
- スキル 11「人前で話す」
- スキル 19「協力する」
- スキル 16「会話」

定着化・般化のポイント

サーキット運動で「待つ」ことを学ぶ

《コースを回るときのルールの例》

- 順番を守る（前の人を追い越さない）
- 前の人をせかさない（ことばや態度で）
- できない運動は３回までチャレンジできる（３回やってできなかったらパスする）

サーキット運動や調理で指導

「待つ」ことを指導する場面は、日常的によくあります。普段の生活のなかで意識づけをさせることが大切です。

このほか、通級や療育機関では、サーキット運動などの活動を通して、「待つ」指導を行うことがあります。サーキット運動は、跳び箱やマット、鉄棒、平均台などの運動用具を設置したコースを回り、跳ぶ、回転する、ぶら下がる、バランスなどの運動技能を身につける活動です。コースを回るとき、順番を意識し、前の人が終わるまで待つ場面が多く、「待つ」ことを指導する活動としても適しています。

同様に、調理などの作業学習も、説明をきちんと聞く、指示を理解する、順番で行う、手順に沿って動くことが必要であり、一連の作業のなかで「待つ」ことを含めた学習態勢を身につける指導が行われます。

具体的な目標を提示する

「待つ」という構えを形成するためには、その子の状況に応じて、「話を静かに聞く」「順番で遊ぶ」「順番を守る」といった具体的な目標を掲《かか》げ、それを実行できるよう指導していくことが重要です。また、こまめなフィードバックも大切です。上手に待つことができていることを自己理解させ、待つことで活動がスムーズに進んだり、ほかの人との関係が円滑に運んだりすることを実感させるようにしましょう。

会話の場面で「待つ」

小学校高学年や中学生になると、友だちどうしの会話の場面などで、「待つ」ことが必要になります。相手がしゃべっているときはその話に耳を傾け、自分の言いたいことが思い浮かんでも、引っ込めて待つ、相手の話が終わってから、自分が話し出すという対応のしかたが求められます。年齢に応じて会話の中で「待って聞く」ことも指導していくとよいでしょう。

スキル 5

ルールを守る

まず、明確なルールを提示し、それに従って活動することを目標とします。自由度の高い遊びなどの場面で、臨機応変にルールを変更しながら、それに対応していく力をつけていきます。

困難の背景

ルールが理解できない

理解力や記憶力の問題などがあり、簡単に説明しただけではルールをきちんと理解できない。また、遊びや集団行動の経験が少なくルールを知らない

衝動的にルール違反をしてしまう

不注意や衝動性があるために、悪気なく順番抜かしをしてしまう

ルールを勝手に変えてしまう（こだわり、マイルール）

自分の思いついたルール、自分に都合のいいルールを勝手に採用し、ルールの認識の違いからトラブルが起こる

ルールを勝手に変えてしまう

ルールを守れない原因のひとつには、記憶力や理解力の問題があり、ルールそのものを把握できていないことがあげられます。

また、こだわりやマイルールがある子は、ルールを決めるとき、みんなの合意が必要だということに気づかないために、自分で思いついたルールをみんなに確認することなく、勝手に採用してしまうこともあります。勝ちへの強いこだわりがあり、自分に有利なルールに変えてしまう子どももいます。

ルールにかかわるトラブルは、子どもどうしの遊びの場面などで起こります。ルール自体があいまいであることが多く、ルール内容を明確にするだけで解決することもしばしばあります。

活動1

ジェンガ

対象	幼児	小(低)	小(中)	小(高)	中学
形態	個別	ペア	小集団		

ねらい　ルールを守ってゲームを行う経験を積むことで、ルールを守って遊ぶと楽しいことを実感させる。

ジェンガ

「ジェンガ」は、積み上げられている木製のブロックを抜き、それを新たに上に積み上げていくゲーム。順番にプレイし、ブロックを倒した人が負けとなる。ルールがきちんと守られているか確認・判定するために「審判」（指導者）をおく。

ゲームの流れ

ゲーム内容の説明→ルールの説明と確認→ルール違反をしたときのペナルティの説明→ゲーム開始

ルールの説明（事前に見通しをもたせる）

- 審判（指導者）の判定は絶対（注意されたらすぐに直す。直せない人は退場）
- 崩れないように両手でブロックを押さえながらプレイする→同時に両手を添えるのは違反。片手だけならよい
- 前の人が積み終わっていなかったり、自分の番でないのにブロックにさわる→前の人が積み終わってからさわる。次の人がさわるまでその人の番。崩れたらその人の負け
- 人が積んでいるときに、机などを揺らして倒す→わざとでなくても揺らした人が負け
- 人の番で失敗するようにあおる→ひどいときは審判が注意する

【指導のポイント】

ゲームの後、ルール違反をしたり、審判から注意を受けたりせずに、ゲームを進行することができたかどうか、また、注意を受けたとき、すぐに直せたかどうかを振り返る。注意を受けたとしても、すぐに直せたケースでは肯定的な評価を与える。できるだけ、子どもたちがうまくいった体験で終われるように、ジェンガの種類、ルール設定、フィードバックのしかたなどを工夫していく。

応用

同じ要領で、黒ひげ危機一発やトランプ、UNOといったカードゲームなどでも、ルールを守る経験が積める。ジェンガも、巨大なもの、形がひし形のものなど、いろいろな種類がある。

関連するスキル

■スキル4「待つ」　■スキル7「負けても怒らない」

活動 2

スーパードッジボール

対象	幼児	小(低)	小(中)	小(高)	中学

形態	個別	ペア	小集団

ねらい

構造化された授業場面とは異なり、指導者の介入が少なく、自由度の高い休み時間の遊びを通して、子どもが自律的にルールを守れるようになることを目指す。

スーパードッジボール（休み時間の遊び）

2チーム対抗でプレイする。コートを半分に区切り、チームごとに分かれる。当てられた人は、コートの外に出て待機し、味方がボールをキャッチしたら、復活できる。

ルールの例

- 相手チームがボールを投げたとき、足が線から出たら無効（当ててもセーフ）
- 待機中の人はボールをさわってはいけない。わざとさわったら、相手ボールになる
- 顔面に当たったときはセーフ

ゲーム中に提案される新ルールの例

ゲーム中に、新ルールの追加が必要なときがある。そのときには、指導者主導のもとルールについて話し合う。

- 1チームが勝ち続ける→どちらかが3回先に勝ったらチーム替え
- 当たったかどうか微妙なとき→みんなの意見を聞いて判定する
- 顔に当たって痛がっている子がいる→ゲームをいったん中断して「大丈夫？」と確認する

【指導のポイント】

- 休み時間に行うときは、指導者が審判などを引き受けて参加するとよい。
- ルールに直接関係しないトラブルが起こることがある。負けが続くと仲間割れが起こったり、ボールを当てられると、「もうやらない」と言い出す子が出てきたりする。こうしたときに、トラブルをそのままにしたり、安易な解決法を指導者が示したりするのではなく、仲間を説得したり、話し合ったりして、みんなが納得する解決法を導いていくことが求められる。

関連するスキル

■スキル7「負けても怒らない」 ■スキル17「肯定的にかかわる」
■スキル19「協力する」

定着化・般化のポイント

自分のミスを認めて謝ることが大事

ごめんね、うっかりしてまちがえちゃった
いいよ

理解が足りなくてルール違反をしてしまったり、うっかりミスで順番を抜かしてしまったりしたときに、素直に「ごめんね」と謝れることが大事。周囲には、謝った子を許してあげる寛容さも求められる

ルールを明確にする

発達障害のある子のなかには、暗黙《あんもく》の了解や、わかりきったルールが理解できていない子が少なくありません。たとえば、ドッジボールで、「ボールを当てられたのに外野に出ない」のは明らかにルール違反です。

一方、「味方の子が拾ったボールも奪い取って投げたがる」のは、ドッジボールのルール違反とはいえませんが、社会的マナーに反しているということになります。

このように、ゲーム上の純粋なルールだけでなく、社会的ルール（暗黙の了解）も踏まえておく必要があります。そのうえで、ルールは前もって明確に示しておくこと、ルール違反に気づかせることが求められます。

補償手段を教える

衝動性の高い子は、ついうっかりミスをしてしまいがちです。わざとではないのに、ルール違反をしてしまったときに、いきなりしかられるというのは、本人からすればつらい場面となるでしょう。目指すのは、ルール違反を決してしないのではなく、ルール違反を認め謝れることでしょう。素直に認めたことを評価することで、プラスのできごとに変化させることができます。

「しからないけど譲らない」を基本に

子どもに、勝手なルールを押し通してしまおうという姿勢が見られる場合、指導者は毅然《きぜん》とした態度で「しからないけど譲らない」ことを心がけます。「ごねたら自分の思いが通る」という誤学習を重ねてしまうことは、避けなければなりません。

いずれの場合でも、叱責《しっせき》を受けることが重なると、否定される経験が重なり、守れるルールすら守れなくなるような場合があります。子どものルール違反に至る背景となった気持ちを読み取り、受け入れるという姿勢はつねに持っている必要があります。

スキル 6

人と合わせる

コミュニケーション力に弱さがある子どもたちは、人の立場や気持ちを察して、それに合わせることが苦手です。人と協力し合う活動を通じて、「人と合わせる」スキルを身につけることができます。

困難の背景

社会的コミュニケーションに弱さがある

相互のやりとりができない、相手の視点に立てない、相手の表情に気づけない　など

行動のセルフコントロールが困難

気が散りやすい、集中力が途切れる、衝動性がある、落ち着きがない　など

相手を気づかうことが苦手

社会的コミュニケーションに弱さがある子どもの場合、相互のやりとりや、注意や視点を共有する（ジョイントアテンション）、相手の視点に立つ、相手の気持ちを理解する（心の理論）ことなどが苦手です。

たとえば、二人で平均台を運ぶ場面で、相手の表情やようす（重たそう、苦しそうなど）に気づいたり、後ろ向きだから歩きにくいだろうと察したりすることができず、自分のペースで運んでしまうと、相手がしりもちをついてしまうといった事態が起こり得ます。

声を掛けて同じタイミングで持ち上げる、歩くペースを合わせるなどの配慮ができるよう、日々の活動場面を通して指導していくことが求められます。

活動1

協力クレーンゲーム

対象	幼児	小(低)	小(中)	小(高)	中学
形態	個別	ペア	小集団		

ねらい 協力する相手と、意見のすり合わせをしたり、互いにアドバイスを送って助け合ったりする必要があることを学ばせる。

協力クレーンゲーム

2人1組で「お宝」をゲットするゲーム。

準備するもの

- 輪ゴム（太め）2本
- なわとび2セット(中央で切って4本にする)

ゲームのやり方

1. 2人1組のペアに分かれる(はじめのうちは、大人と組むとよい)
2. 輪ゴムに切ったなわとびを結びつけ、2人がそれぞれなわとびの持ち手部分を両手に持つ(なわとびを引くと、輪ゴムが広がるしくみになっている。「お宝」は輪ゴムに通して、伸縮を加減しながら固定し、運搬する)
3. 「お宝」は、ボール（大・中・小）やペットボトル（大・小)、のりの缶などに、得点を記した紙（30点・50点・100点など）を貼ったものを使う

   ※注）空ののり缶などが一番運びやすい。1.5リットルのペットボトル（水入り）は重くて運びにくい。小さいマスコットのようなものは、輪ゴムで固定しにくい。
4. 2回チャレンジして、「お宝」の合計得点が高いチームが勝ち

クレーンの作り方

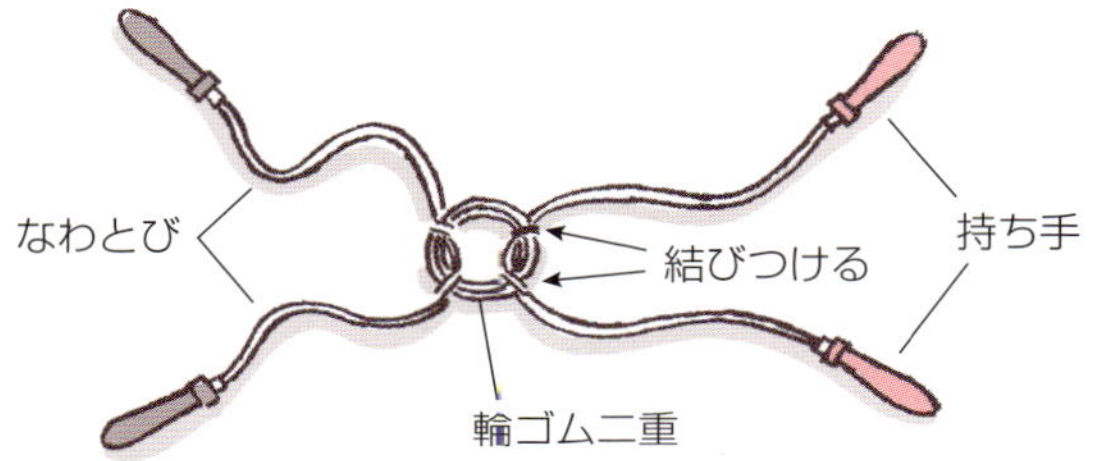
なわとび
結びつける
持ち手
輪ゴム二重

もっと
なわとび
引っぱって!
50
輪ゴムで固定して運ぶ

【指導のポイント】

- どの「お宝」をねらうか、2人で話し合って決める。相手の意見に合わせる配慮が必要。
- 「お宝」を運ぶとき、「もっと低く」「もっと広げて」など、声を掛け合う。
- 取った「お宝」を自陣まで運ぶとき、2人でペースを合わせて慎重に運ばなければならない。
- 他者との協力や協調運動に困難が強い子どもには、個別の時間をとって大人と練習するとよい。

関連するスキル

■スキル2「見る」　■スキル3「聞く」
■スキル19「協力する」　■スキル22「ことばでのやりとり」

活動2

協力福笑い

対象	幼児	小(低)	小(中)	小(高)	中学
形態	個別	ペア	小集団		

ねらい 相手の立場になり、相手にわかりやすい指示の出し方、伝え方ができるようにする。

協力福笑い

チーム対抗の福笑い。目隠ししたプレイヤーに、同チームのナビゲーターが上手に指示を出すことで、顔のパーツをうまく配置できるようにする。

準備するもの

- 人の顔のパーツ（眉・目・鼻・耳・口）を参加チーム分＋１（見本用）…ホワイトボードなどに貼れるよう裏にマグネットを付ける

ゲームのやり方

1. ２人１組のペアになり、プレイヤーとナビゲーターに分かれる
2. プレイヤーはアイマスクをし、ナビゲーターから手渡された顔のパーツをホワイトボードに貼っていく
3. ナビゲーターは、プレイヤーが正しい位置にパーツを貼れるよう、ことばで指示を出す（「もっと右」「もうちょっと」「ストップ」など）
4. ３分間プレイして、見本に近い顔が仕上がったほうが勝ち（指導者が判定する）

   ※注）ナビゲーターがパーツをプレイヤーに手渡すときはパーツ名を言わない。「これでいい？」など確認のやりとり程度はOK。

【指導のポイント】

- プレイヤーには、ナビゲーターの指示を注意深く聞くように、事前に意識させる。
- ナビゲーターには、プレイヤーの立場に立ち、ことばだけでわかりやすい指示を出すように意識させる。
- 子どもどうしのペアでゲームが成立しないときは、大人とペアを組むなどの配慮が必要。

関連するスキル

- スキル２「見る」　スキル３「聞く」
- スキル19「協力する」　スキル22「ことばでのやりとり」

定着化・般化のポイント

失敗の振り返りも大切

イタッ!!
どうすればよかったかな？
「下ろすよ」って声をかければよかった
相手の顔を見てゆっくり下ろせばよかった

協力場面を増やしすぎない

相手を意識して配慮することは、自閉症スペクトラム障害のある子どもにとっては、高度なソーシャルスキルであることを、指導者は心得ておかなければなりません。だれでも自然に身につくものと思い込まないことです。

また、そうした技術の大切さを意識し、指導上でもその習得を優先させようと、協力場面を増やしすぎない配慮も必要です。

こうした子どもたちにとっては、苦手なことへのチャレンジとなるため、ストレスもかかるうえ、ほかの子どもとのトラブルも起きやすくなる場面となります。その子の友人関係や、学級内での立場を悪化させるおそれがあることも心に留めておくべきです。

通常学級のように、大きな集団では、指導者の目や手が、細かなところまで届きにくいことも踏まえ、一定の枠組みを設定し、そのなかで協力・協調活動を適宜行っていくとよいでしょう。

「ひとりでできる」のがよいばかりではない

「自分のことは自分で」「ひとりでできてえらい」といったことばが刷り込まれている子も少なくありません。内容によってはひとりでやるよりも、他人に助けを依頼して取り組むべきことがあることを、意識的に教えることが大切です。

事前の見通しと事後の振り返り

体育用具（平均台や跳び箱、マットなど）や給食の運搬など、具体的な活動場面について、「人と合わせて」動くためにはどうしたらよいかを、子どもに考えさせるとともに、指導者からも具体的に指示することが求められます。声を掛ける、相手を見るなど、具体的なポイントをあらかじめ示しておき、失敗を回避することも大切です。同時に、失敗したとき、どこがいけなかったのか振り返り、次回の活動につなげる学習も重要といえます。

スキル 7

負けても怒らない

負けると感情を爆発させ、人や物に当たる子がいます。悔しい気持ちに共感するとともに、怒りの感情を別の形で表現する方法を見つけたり、「ま、いっか」と気持ちの切り替えをできるようにします。

困難の背景

勝ちに対するこだわりがある
（「勝つこと＝絶対的によい」「負けること＝ダメ、悪い、もうおしまい」という思い込みがある）

怒りの感情がコントロールできない
（衝動性が抑えられない）

負けや失敗することに過度な不安がある
（予期不定）

自信がない
（勝ったこと、成功したことがあまりない）

感情コントロールが苦手

負けや失敗で怒ってしまう子どもは、背景に、衝動的でブレーキがきかない、勝ちに対する強いこだわりがある、自信がなく、失敗状況に向き合えない（勝ったこと、できたことがない）などの問題があります。時には、怒ることで注目を得たり、思うように周りを動かしたりする行動パターンを誤学習してしまっている子どももいます。

怒って当たり散らす子がいると、集団の雰囲気が悪くなり、友だち関係にも支障が起こりやすくなります。負けた悔しさはそれとして受け止め、それでもやってはいけないことがあることを理解させて、代わりにどうすればよいかを意識させることが大切です。

活動 1

まいっかドンジャン

対象	幼児	小(低)	小(中)	小(高)	中学
形態	個別	ペア	小集団		

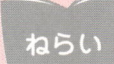

ねらい　「みんなで楽しく遊ぶ」ために、負けても“ま、いっか！”と切り替えができて、ゲームを続けられるようにする。

まいっかドンジャン（魔法のことば「ま､いっか！」）

魔法のことば「ま、いっか！」の確認

「みんなで楽しく遊ぼう！」という目標を提示し、「負けて怒ると楽しくない」「くやしいけど、“ま、いっか！”ができるといい」ことをしっかり理解させる。子どもたちに、トランプで負けた子が怒ってトランプを投げたり、ほかの子に八つ当たりする寸劇を見せて、負けたとき、してよいことと悪いことを確認する。

◆負けたときの態度：悔しがる→○　泣く→○
　人や物に当たる→×　いじける→×

負けたときに使うとよい、魔法のことば「ま、いっか！」を提示。その後、簡単なゲームをして、負けた子には「ま、いっか！」と言わせるようにし、言えたらとにかくほめる。

「まいっかドンジャン」のやり方

1. どーんジャンケンのコースをつくる
2. 2チームに分かれ、両端からスタート。2人が出会ったところで両手をタッチし、「どーんジャンケンポン！」でじゃんけんする
3. 勝ったほうはそのまま進み、負けたほうは「ま、いっか！」と審判（各チームのスタート地点に1人ずつ立つ）に聞こえるように言う
4. 審判は「ま、いっか！」が聞こえたら、ゲートを開き、次の人をスタートさせる

【指導のポイント】

- 魔法のことば「ま、いっか！」で、負けた悔しさから気持ちを切り替えられるようにする。
- 「ま、いっか！」を言わないと、次の人がスタートできないので、結果的にゲームに負けることになる。勝つために、一生懸命「ま、いっか！」を言うようになる。

関連するスキル

■スキル5「ルールを守る」　■スキル9「上手に切り替える（気持ち）」
■スキル25「適切に気持ちを表現する」

活動 2

気持ちはドッチ？

対象	幼児	小(低)	小(中)	小(高)	中学
形態	個別	ペア	小集団		

ねらい　ドッジボールで当てられたとき(負けたとき)、怒ったりイライラしたりせず、感情をことばで表現できるようにする。

気持ちはドッチ？（気持ちのタイムアウト）

サバイバルドッジボールを、気持ちの認知と表現の学習に応用した活動。ボールを当てられたら、「気持ちのいす」（いまの自分の気持ちを表しているいす）に座って、次のゲームまで休憩する。

ゲームのやり方

❶ サバイバルドッジボールは、外野をおかない。コートを２分して、２チームがどちらかのサイドに入る
❷ ボールを当て合い、当てられた子はコートから出て、次のゲームまで出られない。その間、コート横の「気持ちのいす」に座る
❸ どちらかのメンバーが全員ボールに当たり、いなくなったら、生き残ったメンバーがいるチームが勝ち（もしくは５分間程度の時間で区切る）

ゲームのルール

- ボールを当てられて休憩するときは、自分の気持ちを表しているいすを選び、座る
- チクチクことば（111 ページ参照）は使わない

「気持ちのいす」とは？

ボールを当てられてコートから出た子が座る。いまの自分の気持ちを表していることば（「残念」「くやしい」「ごめんなさい」「次、がんばるぞ」「そのほか」など）が貼り出してあるいす。

【指導のポイント】

- 当てられた子どもが暴れ出したり、いすに座るのを拒否したりしても、指導者は淡々と子どもと向き合い、その気持ちを察して「くやしかったね」などと言語化してあげる。
- いすに座るよう促しても、「違う！そんな気持ちじゃない！」と反論してきたら、「じゃあ、どんな気持ち？」と子どもの本当の気持ちを聞き出してあげるなど、共感的に子どもに対応する。

関連するスキル

- スキル５「ルールを守る」
- スキル９「上手に切り替える（気持ち）」
- スキル 25「適切に気持ちを表現する」

定着化・般化のポイント

クラスで遊びやゲームの勝敗にかかわる態度のとり方について、ルールを決めて、みんなで確認しておくとよい

その活動の中で許容される範囲を目指す

ゲームで負けたときや、思い通りにならないときに、幼児から小学校低学年の子どもにとって、悔しがったり泣いたりすること自体はそれほど悪いことではないことを、まずおさえておきましょう。

ここで問題となるのは、他者に暴力をふるったり、物を壊したり、活動を妨害するなど、他者に迷惑をかけることです。気持ちには共感しつつも、その後の行動については、その集団活動の中で許容される範囲に修正していくことを目指します。

そのために、まず意図的に「勝つ」場面を設定し、次に「負け」に向き合わせる場面を設定します。

「負けても怒らない」から「負けたけど楽しかった」へ

うまくいくと、それまでは「負けて、怒って、途中で遊びが終わっていた」子が、「一度負けても、次の遊びを続けて、その後、勝って終わった」という経験をさせることができます。そこで、「負けたけど、最後は勝てて楽しかった」という感想を表現させることが大切です。「勝ちがよい」という単純な価値観から、「勝ったり、負けたりすることがある」ことや、「最後まで楽しく活動できる喜び」を実体験させ、価値づけることが大切です。

家庭で、トランプゲームやボードゲームなどをやってみることもよいでしょう。

活動1で紹介した「ま、いっか！」は、勝敗場面に限らず、子どもが自分の思い通りにならない場面での、切り替えのことばとしても使えます。指導者が、適宜子どもに提案していくことで、子ども自身が自発的に使えるように促していきます。

スキル 8

上手に切り替える（行動）

こだわりが強く、活動を途中で切り上げて別の行動に切り替えることが難しい子がいます。予告したり、事前に約束させたりして、切り替えを促すよう指導していくことが求められます。

困難の背景

予測ができない、見通しがもてない

時間という目に見えないものを意識しづらい。きりがよいところがわからない

切り替えが難しい

頭のなかで考えや気持ち、注意などが切り替わりにくい

経験が不足している

注意や叱責《しっせき》を受けて終わらせてきた子は、終わり方のパターンを学習していない

中途半端でやめられない

途中でやめるのは気持ち悪い感覚がある

予測や見通しをもつことが苦手

こだわりの強い子では、関心や考えの切り替えがしにくく、集中していることをいったん切り上げることが難しい場合があります。無理に切り替えを促すとパニックになることもあります。

また、見通しをもつことが苦手で、チャイムや時計を意識しながら行動することが難しい、活動を「きり」のよいところで中断することができないケースもあります。見通しがもてないと、突然、活動の中断を強いられたと感じ、理不尽な感覚をもつこともあります。

幼少期から、行動を気持ちよく切り替えられた経験が少なく、しかられたいやな思いをひきずっている子もいます。事前に予告して、心の準備をさせるなどの指導が必要です。

活動1

赤玉投げゲーム

対象	幼児	小(低)	小(中)	小(高)	中学
形態	個別	ペア	小集団		

ねらい 役割を次々と交代していくゲームを通して、見通しをもち、心の準備をして行動（活動）を切り替えることができるようにする。

赤玉投げゲーム

4～6人のチームに分かれ、1人が赤玉を2個ずつ投げて、合計得点を競うゲーム。投げる人以外も、ゲームを進行させるための役割をもち、投げ手が2回投げ終わったら、「交代」の合図で順繰りに役割をローテーションさせる。

役割

❶ 投げる人：赤玉を2回投げる。周りの準備が整ったころを見計らい、みんなに「いいですか？」と聞き、「いいです」と返事をもらってから投げる
❷ 拾う係：投げられた赤玉を1回ごとに拾う。2回終わったらかごに戻す
❸ 点数係：赤玉の落ちたところを確認して、点数を言う（「5点です」など）
❹ 記録係：点数係が言った得点を黒板に書く。2回投げ終わったら、合計点を記入する
❺ 応援係：投げた人の得点に応じて、「ナイス！」「ドンマイ！」と声を掛ける

ルール

- 自分以外の役割に口出ししたり、批判したりしない
- 応援係はなんらかの声掛けをする。決まり文句にこだわらず、「次がんばって」「おしい」「すごい」などバリエーションを増やすとよい

応用

ボウリングやシュートゲームなどでも、同じような役割交代ゲームができる。

関連するスキル

■スキル4「待つ」　■スキル5「ルールを守る」
■スキル7「負けても怒らない」

活動2／活動3

順番DE描画／協力オブジェ作り

対象	幼児	小(低)	小(中)	小(高)	中学
形態	個別	ペア	小集団		

ねらい 仲間と交代で順番に作業しながら、グループで1つの作品を制作する活動を通して、区切りがきたところで、自発的に作業を切り上げられるようにする。

順番DE描画

画用紙1枚に、テーマに沿った絵を、1人1分の持ち時間で順番に描いていき、3、4周させて絵を完成させる。最後に、全員でいっせいに仕上げをする時間を30秒程度とり、完成後には、順番交代できたか、協力できたかなどを振り返る。

ルール （板書しておくとよい）

- 時計回りの順番で描く
- 1人の持ち時間は1分間
  （指導者がストップウォッチで計る）
- 同じテーマで描く
- ほかの人が描いたものを消したり、ぐちゃぐちゃにしない

※注1）交代時には、先生が「交代です」と指示し、画用紙を次の人に回す。

※注2）交代の切り替えを促すため、指導者は50秒経過した時点で、「あと10秒です」と予告する。

応用

幼児や造形が苦手な子がいる場合は、ぬり絵やはり絵（コラージュ）にしてもよい。

協力オブジェ作り

グループのメンバーで、順番に、段ボール片をグルーガンでくっつけていき、ひとつの作品（オブジェ）を仕上げていく（小学校高学年～中学生向き）。自分の番でないときも、仲間が貼りやすいように、段ボール片を持ってあげたり、作品を支えてあげたりといった協力も行う。

応用

幼児や低学年向けには、ブロックによる共同作品に取り組むのもよい。

関連するスキル

- スキル4「待つ」
- スキル5「ルールを守る」
- スキル6「人と合わせる」
- スキル19「協力する」

定着化・般化のポイント

同じキーワードをくり返し使う

行動を切り替えるきっかけとなるキーワード（「しょうがない」「まあ、いいや」「じゅんばんこ」など）を日常のいろいろな場面で使うよう促す。使えたら、ほめる

切り替えの成功体験を積む

切り替えを促すための指導上のポイントとして、次の6つがあげられます。

①予告（チャイムが鳴ったらおしまいだよ、あと○分でチャイムが鳴るよ）
②契約（チャイムが鳴って遊びがやめられた人だけに貸します）
③予測（時間がきてからだと、やめられなくなるんじゃない？　ここで切り上げたら？）
④強化（できたときにほめる）
⑤言語化（もっと遊びたかったのに、がまんできたね）
⑥キーワード化（「まあ、いいや」「しょうがない」＝続けたいけどあきらめること、「じゅんばんこ」＝自分がやりたいけど順番を守ること、などのキーワードをたびたび使う）

活動の切り替えがスムーズにできるようにするためには、切り替えがうまくできた、切り替えたことによってメリットがあったという成功体験を積み重ねていくことが重要です。その意味で、「強化」は大切だといえます。

言語化して評価する

できたことをほめることも大事ですが、子どものようすをよく観察し、その気持ちを察してあげて、切り替えようと努力していることなどをことばに表し、評価してあげることも有効です。

たとえば、本当は遊び続けたいけど、切り上げようとがんばっているようすが子どもにみられたら、「本当はもっと遊びたいけど、がまんして片づけようとしているんだね。がんばっているね」というように、本人の気持ちを代弁して、がんばりを認めてあげるのです。

発達障害のある子のなかには、気持ちや考えがうまくことばにできず、自分でその思いを整理できない子がいます。そうした子どもに対しては、気持ちを言語化してあげることで、本人も自分のもやもやした気分が理解でき、納得して切り替えることができるようになることがあります。

スキル 9

上手に切り替える（気持ち）

頂点に達した怒りや興奮が容易におさまらず、気持ちが切り替えられない子がいます。回避策をとったり、クールダウンの方法を身につけたりして、感情をうまく切り替えられるよう指導します。

困難の背景

こだわりやすさ、切り替えの困難さがある

行動だけでなく、感情や気分も切り替えにくく、同じ気持ちが続いてしまう。過去のいやな体験や記憶が突然想起され（フラッシュバック）、パニックになることもある

情緒面に不安定さがある

叱責や非難ばかり受けている子、いじめや虐待を受けた子どもも、精神的に不安定になりやすく、感情がなかなか切り替えられないことがある

衝動性や行動コントロールの弱さがある

衝動性の高い子は、興奮して、感情が高ぶりやすく、気持ちの切り替えが困難になる

こだわりや衝動性が背景にある

こだわりの強い子は、一度怒りや興奮がわき起こると、自分で気分をコントロールして切り替えることができません。ネガティブな経験や記憶が、何年も経ってからフラッシュバックとなって現れることがあり、そのときに突然パニックを起こすケースもあります。

また、衝動性の強い子の場合は、感情が高ぶりやすい特徴があり、コントロールが利かなくなることがあります。

失敗や叱責《しっせき》が度重なることで、被害感や自己否定感を募らせてしまう子どものなかには、学校では目立った問題を起こさず、家庭で暴れるケースもあります。人への恨みや被害感がふくらまないよう、身近な大人が気づいて支援の手を差し伸べる必要があります。

指導1

パニックのプロセスを見極めた対応

対象	幼児	小(低)	小(中)	小(高)	中学
形態	個別	ペア	小集団		

ねらい パニックのプロセス（動揺期→爆発期→回復期）を見極めたうえで、その時々に応じた対応をする。できるだけ「動揺期」を見極めて、早期に対応し、「爆発期」に至らせずにすむよう配慮する。

パニックのプロセスを見極めた対応

緊張が高まる、イライラし出す、不満を言う、声のトーンが下がる。パニックの前段階

感情の抑制が利かず、叫ぶ、かむ、暴力・自傷などのパニック行動が起こる。固まることも

パニック行動はおさまるが、気持ちが切り替わらなかったり、自責の念を抱くことがある

参考：ブレンダ・スミス・マイルズ，ジャック・サウスウィック 著／冨田真紀 監訳／萩原 拓、嶋垣ナオミ 訳
『アスペルガー症候群とパニックへの対処法』（東京書籍）をもとに作成

指導の方法

子どもの状態が、動揺期、爆発期、回復期のどのプロセスにあるかを見極める。

- 動揺期の対応…子どもの争いの相手にならないようにしながら、間に入り、問題場面の解決を促す。子どものそばに行く、肩や頭にやさしく触れる、話題を変える、リフレッシュや休憩を促すなど
- 爆発期の対応…本人や周りの子の安全を確保し、クールダウンスペースに連れていく。しかったり、責めたりする言動は子どもを刺激し、興奮をさらに高めることになるため逆効果
- 回復期の対応…子どもの気持ちが落ち着いていれば、振り返りを行う。よけい興奮してしまうときは、別の作業につかせたり、別の話題を投じて、切り替えを促す。興奮がおさまらず、暴れてしまいそうなときは、本人が活動に戻りたいと言っても制止し、クールダウンを優先する

※パニックが起きる前や落ち着いた後には、「表情シンボル」（144ページ参照）、「気持ちの温度計」（145ページ参照）、「コミック会話」（74ページ参照）を用いると有効なときがある。

関連するスキル

■スキル7「負けても怒らない」　■スキル8「上手に切り替える（行動）」
■スキル25「適切に気持ちを表現する」

指導2

クールダウンを促す

対象：幼児｜小(低)｜小(中)｜小(高)｜中学

形態：個別｜ペア｜小集団

ねらい クールダウンさせた後、「コミック会話」などを用いてパニックが起こった状況を言語化して、振り返らせる。自分の気持ちをパニックという行動で示すのではなく、ことばで適切に表せるよう、少しずつ積み重ねていく。

クールダウンを促す

子どもが興奮して暴れたりしたときは、クールダウンスペースに移動させ、そこでクールダウンを促す。クールダウンの目的や意義、クールダウンスペース（31ページ参照）の活用法について、子どもにわかることばで事前に説明しておく必要がある。

コミック会話

クールダウン後、状況を振り返ることが大切。その際、子どもの気持ちの言語化を大人が手伝ってあげる。棒人間と吹き出しによる簡単なイラストを描き、そのときの状況を視覚的に振り返る「コミック会話」を用いることも有効。自分や相手の言ったことや、そのときの気持ちなどを吹き出しに書き入れて、状況を振り返ることで、自分の気持ちが整理できる。

コミック会話の例

参考：キャロル・グレイ 著／門眞一郎 訳
『コミック会話　自閉症など発達障害のある子どものためのコミュニケーション支援法』（明石書店）
をもとに作成

シンプルな運動や作業で発散する

気分を変えるために、シンプルな運動（歩く、キャッチボール、卓球など）を指導者といっしょに行うと有効。考える必要のない、単純な運動や作業がよい。

【指導のポイント】

家庭状況が悪く、情緒的に不安定な子どもや、多動性が強くエネルギーがあり余っている子どもについては、1日の指導の始まりに、簡単な運動をして発散させてから授業に入るのもよい。簡単な運動は、対人緊張や対人不安を軽減する効果もあることが知られている。ソーシャルスキル指導のグループアプローチの際は、活動前に体を動かすウォーミングアップ活動（115ページ参照）を取り入れる。

関連するスキル

- スキル21「空気を読む」
- スキル25「適切に気持ちを表現する」

定着化・般化のポイント

上手な切り替えモデルの提示

お母さんは怒りそうだから、気持ちが落ち着いたら…あとで話します
……

親や先生が、爆発しそうな感情を抑えたり、カッとなった気持ちをクールダウンさせたりするところを子どもに示すことで、上手な切り替え方を子どもに学習させることができる。気持ちの切り替え方には、時間を少しおく、別の場所でひと呼吸おく、自分の気持ちをことばで説明する（言語化する）などの方法がある

家庭での対応（大人のモデルを示す）

気持ちの切り替えの困難さは、学校よりも、甘えやプライドといった感情が出やすい家庭で目立つことが多いケースがあります。この場合、家庭における親の対応が重要になります。

たとえば、親が感情的に怒ってしまいそうになるときに、自分がクールダウンしようとする姿を子どもに示すことで、子どもがクールダウンの方法を学習することができます（上手な切り替えモデルの提示）。具体的には、「今は怒りで落ち着いて話ができないから、30分後にして」「料理をしているうちに気分が落ち着いたから、話し合いましょう」と、ことばにして自分の状態を子どもに伝えるようにします。

子どもに対しても、親や先生などの大人が、気持ちや言い分をしっかり聞き、それをことばにして表現してあげることが大切です。

学校におけるクールダウン

学校で授業中にパニックが起こったときは、担任が個別対応をとることが難しいため、養護教諭やスクールカウンセラー、手の空いている指導者などと連携をとることがポイントとなります。

クールダウンスペース（31ページ参照）には、保健室、校長室、空き教室などを利用しますが、子どもとあらかじめ話し合って、「ここならクールダウンできる」という場所を確保し、学校全体で保障します。クールダウンスペースには、遊び道具や本など、余計なものがない場所が適しています。また、付き添う指導者はクールダウンできたかどうか、授業に戻れそうかどうかを確認する立場にあり、子どもの遊び相手にならないよう留意します。

なお、子どもの不安やパニックが極めて強いケースでは、ソーシャルスキル指導では限界があるため、医療機関や心理相談機関で対応してもらうことも視野に入れるべきでしょう。

スキル 10

集まる・並ぶ・移動する

困難の背景

多動性・衝動性がある

整列時に、列からはみ出たり、周囲に気を取られてそわそわ落ち着かなかったりする

周りが見えていない、状況理解が弱い

人との距離感がうまく保てなかったり、周りに気づかず、出遅れてしまったりする

指示に従って、ほかの子どもと一緒に動くことが苦手な子がいます。集団での動き方の基本を指導するとともに、場面や状況によっては、本人ができそうなレベル設定にするなどの配慮も必要です。

行動コントロールや状況理解に困難がある

集団に向けて指導者が出す指示に従い、集合・整列・移動などの行動をとる場面でつまずいてしまう子どもがいます。ＡＤＨＤがあり、注意力が散漫で指示をきちんと聞けない、聞いていたのに指示内容が理解できないなど、情報キャッチの段階でつまずくケースが考えられます。多動性があるために、整列時にじっとしていられず、列からはみ出してしまうケースもあります。

また、自閉症スペクトラム障害がある子の場合は、周りの子の動きを意識して行動できない、他者との適切な距離感がつかめず、近づきすぎたり離れすぎたりしてしまう、後ろにいる子を意識せずに下がってぶつかってしまうといった事態が起こることがあります。

活動１

歩く修行（移動）

対象	幼児	小（低）	小（中）	小（高）	中学
形態	個別	ペア	小集団		

ねらい 基本となる「歩く型」を身につけることで、教室移動のときや、みんなで歩く場面などで、静かに、適度な速度で歩くことができるようにする。

歩く修行（活動を始める前に場所の移動が必要な際、前段として取り入れるとよい）

発達障害のある子どもたちのグループ活動の場では、必要以上に盛り上がってしまったり、モデル例がないために、トラブルや指導が必要な状況が起こりやすくなる。日常的に、「歩く型」を指導しておくことが大切。

指導のしかた

- 指導者が子どもに説明する
  「忍者のように静かに歩くことができるように修行をします」
- ３つの約束を確認
  「手に持っている物は振り回さない」「前ならえの距離（近すぎず、離れすぎず）」「声を出さない」
- T1 が先頭で歩く。T2、T3 は合格の判定者
- 移動場所に到着し、できていたかの確認をし、シールをあげる

※回を重ね、シールがたまったら「忍びの修行修了証」がもらえる

前ならえしてごらん
前の人との距離は
いつもそれぐらいだよ

【指導のポイントと応用】

- 途中で止まったり、早足になったりしても対応できるよう指導する。
- きちんと歩けるようになったら、途中でわざと話しかける人を出現させたり、指導者が先頭に立たなくても、子どもだけで歩けるようにしたりというように、レベルアップをはかっていく。

関連するスキル

■スキル２「見る」　■スキル４「待つ」
■スキル６「人と合わせる」　■スキル 24「動作の模倣」

活動２

集まる修行（集合・整列）

対象	幼児	小(低)	小(中)	小(高)	中学
形態	個別	ペア	小集団		

ねらい　集合・整列の練習をする。並ぶ順番、「ミッション」の内容、集まる場所などを適宜変えて、どのような状況でも、子どもが対応できるようにする。

集まる修行

教室、体育館、校庭などで集合、整列をていねいに指導する。

指導の方法

❶指導者が「集合（集まる）・整列（並ぶ）の修行をします」と子どもに説明する
❷並ぶ順番を指示する（名前を呼ばれた順、今の並び順と同じ順または逆の順、誕生日順、早く到着した順など）
❸ミッションを指示する（鉄棒にタッチ、○○先生にそっとタッチなど）
❹集まる場所を指示する（ピアノの前、△△先生のところ）
❺3つの約束を確認（声を出さない、ぶつからない、急ぐ）
❻集合したら、「気をつけ、前ならえ、番号」と号令をかける
❼上手にできた子をしっかりほめる
❽違うパターンでも何度かやってみる

3つの約束

「しゃべらない」「ぶつからない」「急ぐ」

※注 1）「ぶつからない」と「急ぐ」は相反するようだが、急いでもやみくもに走るのではなく、周りの人の動きを見ることが大事であることを理解させる。

※注 2）ぶつかったときに謝る「ゴメン」の合図をジェスチャーで決めておく。ぶつかった子はそのジェスチャーをする。

関連するスキル

■スキル３「聞く」　■スキル４「待つ」
■スキル５「ルールを守る」

定着化・般化のポイント

年度初めに移動のしかたを確認する

歩き方、整列のしかたなどは、低学年のうちにしっかり定着させておくことが大切。毎年、年度初めに、クラスで集団の動き方を確認しておくとよい

低学年のうちから指導を

多動傾向が強く、落ち着きがない子の場合、小学校低学年くらいまでは、先生に手をつないでもらうなどのフォローをしてもらいながら、移動の場面などもうまく切り抜けることができるかもしれません。

しかし、学年が上がるにつれ、音楽室、理科室、家庭科室などの特別教室に移動する場面が増えると共に、子どもだけでの動きが求められます。移動時の基本的なスキルが身についていないために、ほかの子どもとトラブルが生じたり、大声を上げてほかのクラスに迷惑をかけてしまったり、また、移動の際に必要な持ち物を忘れてしまったりといった事態が起こりやすくなります。

こうした事態を避けるためにも、できるだけ、低学年のうちに、スムーズに移動するための基本的なスキルを身につけておく必要があるといえます。

クラス替えや学年替わりのタイミングなどで、新しい集団による並び方や移動のしかたなどの確認をしておくとよいでしょう。

ルールの許容のしかたも指導

自閉症スペクトラム障害のある子どもの場合、移動の約束ごとを完璧に守ろうとするあまり、ほかの子どもと衝突してしまうことがあります。

このようなタイプの子は、自分では、ルールや約束ごとをきっちり守って行動します。それだけに、ほかの子どもが守らなかったときには、それが許せず、きびしく注意したり、激しく非難したりすることがあり、その結果トラブルが生じるケースもあります。

その際には、気持ちは受け入れつつ「注意をするのは先生」といったことや、「相手が受け入れやすい伝え方」など具体的に指導し、「ルールを守ること」だけでなく、「肯定的にかかわる」といったほかのスキルも指導する必要があります。

スキル

11

人前で話す

ことばで表現することが苦手など、さまざまな理由により、人前で話すことに抵抗を示す子がいます。失敗経験が重なると、ますます話すことを敬遠してしまうため、早めに基礎スキルを獲得させます。

困難の背景

言語能力の弱さがある

話そうとする内容を的確にことばで表現したり、要点をまとめたり、順序立てて話したりすることが苦手

適切なテーマの選択、量の調整などが難しい

興味の偏《かたよ》りのために、与えられたテーマに沿った話ができなかったり、時間配分などを考慮せずに長く話したりする

発表の態度やことばづかいに問題がある

人前に立って発表するとき、自信のなさからふざけたり、態度や姿勢が悪くなることがある

ことばで表現することが苦手

ＬＤのある子どもは、ことばで表現することが苦手です。言語能力の弱さから、何を話せばいいのか考えつかない、話そうとする内容が整理できないといったつまずきがあります。

また、自閉症スペクトラム障害のある子は、話すタイミングがつかめなかったり、適切な時間で話し終えることができなかったり、自分の興味のあることしか話さなかったり、といった問題が明らかになりやすいといえます。

うまく話せなかった経験が積み重なると、「人前で話す」ことへの抵抗感も大きくなります。低学年のうちから、話す内容、話す態度、ことばづかい、聞く姿勢などの基礎スキルを身につけておくことが求められます。

活動1／指導1

スピーチ（インタビュー・話型・いつどこ）／スモールステップ化

対象	幼児	小(低)	小(中)	小(高)	中学
形態	個別	ペア	小集団		

ねらい　「人前で話す」レベルを3段階に分け、スモールステップの要領でステップアップをはかる。毎日、朝の会などに組み込み、子どもに定着させる。

ステップ1「インタビュー」

今日のテーマを決め、指導者主導によるインタビューを行う。

指導者：これからインタビューを始めます
（偽マイクを子どもに差し出して）
好きな食べ物は何ですか？
子ども：好きな食べ物は○○です
指導者：ありがとうございました。これでインタビューを終わります

※注1）偽マイクを差し出すと、話し始めのタイミングをうまく与えられる。聞く人も話し手に注目しやすい
※注2）子どもが慣れてきたら、「どうして好きなの？」など、踏み込んで聞いてみる

ステップ2「話型スピーチ」

話し手自身が前に出て、話型に当てはめた話をする。「これからスピーチを始めます」で話し始め、「これで終わります」で締めくくる。

◆話型例　ぼくが、好きな遊びは、○○です。
（慣れてきたら、「理由は○○です」も加える）

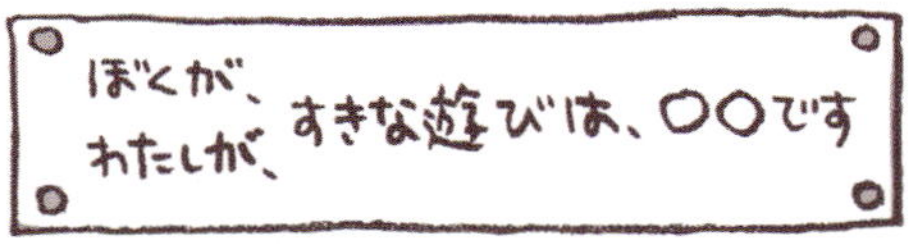

ステップ3「いつどこスピーチ」

「いつ、どこで、だれが、どうした」のパターンに当てはめてスピーチをする。ワークシートに事前に記入して発表に臨むが、慣れてきたら、その場で考えて話す。発表のしかたは、「いすに座ったまま」「立って」など、変えていく。話すときの姿勢や態度を事前に指導する。聞き手の質問のしかたなども、ときどき練習するとよい。

【指導のポイント】

緊張度の高い子に対しては、個別に話す内容を相談しておいたり、発表内容のメモを見ながら行うなどの配慮を行い、人前で話す成功体験が積めるように支援する。

関連するスキル

■スキル3「聞く」

活動 2

プレゼン名人

対象	幼児	小(低)	小(中)	小(高)	中学
形態	個別	ペア	小集団		

ねらい 大人が会社の企画会議で発表するようすをまねて、さまざまなテーマについてプレゼンテーションを行う。人にわかりやすく、説得力をもってアピールするための「話し方」の基本を身につける。

プレゼン名人（プレゼンテーションの練習）

前もって、「効果的なプレゼンテーションについて」の学習やロールプレイを行っておく。

効果的なプレゼンテーション

態度、表情、声の大きさに気をつける、視覚的アピール方法の工夫（絵や表の利用）、長所・メリットをたくさんあげて伝える、伝えたいところに力点をおく、演出方法（寸劇にする、パソコンを使う）など、子どもの能力や年齢に応じて調整していく。

テーマの設定

- 自分で選んだ物、好きな物、作品、調べたことについてプレゼンする
- 運動会で、自分が参加する競技や、学芸会の見どころについてプレゼンする
- アイデア・ブレーンストーミング（スキル 15「上手に話し合う」101 ページ参照）で出たもの（ペットボトルの利用法など）を商品に見立ててプレゼンする
- 通級教室についてプレゼンする（スキル 26「自分の課題の自己理解」の活動「私の学び場 PR」151 ページ参照）
- 自分自身についてプレゼンする（「私のビフォーアフター」149 ページ参照）

評価のしかた

- 見ている人は、ワークシート（評価表）に沿って、プレゼンの内容を評価する
- 評価表には、声の大きさ、態度、アピール方法、アイデアなど、評価基準を示しておく
- 振り返りの際に、自分の発表についてだけでなく、ほかの人の発表についてもコメントをする
- ビデオ撮影し、あとでみんなで鑑賞会を行い、振り返る方法もある

関連するスキル

■スキル 3「聞く」

定着化・般化のポイント

声の大きさをコントロールする

状況や場面にふさわしい大きさの声が出せない子どもがいる。発表するときに声が小さすぎて聞こえなかったり、小声で話す場面で大きな声を上げてしまったりする。そうした子に、ひと目で適切な声の大きさをわからせることができる「声のものさし」（別冊 13 ページ参照）を活用するとよい

失敗を受け入れる雰囲気を

学校の中では、子どもが「人前で話す」機会はたびたびあります。発達障害のある子のなかに、スピーチや発表が苦手という子が少なくありません。在籍学級でも、子どもの特性に応じて、個別に支援を行い、発表の場面を乗り切らせ、成功体験を積ませ、自信をつけさせることが重要です。

何を話したらよいか思いつかない子には、指導者が相談にのり、話す内容を一緒に考えてあげたり、文章が覚えられない子には、スピーチメモを持たせたりといった対応を考えます。

また、失敗したとき、それを肯定的に受け止めてくれる雰囲気が学級内にあることや、子どもが安心してみんなの前でスピーチができる学級づくりも大切だといえます。

指導機関では、さらに踏み込んだ個別指導として、発表時の声の大きさや態度・姿勢、ことばづかい（「です・ます」を使ったていねいな言い方など）、聞くときの姿勢などもロールプレイを交えながら、細かに指導していきます。

話すことに慣れる

「人前で話す」ことに、もっと気軽に取り組めるよう、日ごろから話すことに慣れておくこともポイントのひとつです。たとえば、堅い雰囲気のある「発表」や「スピーチ」ではなく、もっとゆるやかな雰囲気のなかで、楽しく話せる場を提供してみるのも一案です。

「ぶっちゃけトーク」「座談会」「○○を語る会」など、子どもたちが自分の考えや意見を気軽に発言できる、自由度の高い話し合いの場をもうけてもいいでしょう。話し合いの最初の部分は、指導者が進行役を担《にな》いますが、途中からは子どもにまかせます。

「きちんと話さなければ…」というプレッシャーがあり、なかなか発言できない子でも、緊張感をもたずに気楽に話せるような雰囲気にし、話すことへの抵抗感を減らすよう導きます。

スキル 12

あいさつ・お礼・謝る

あいさつや「ありがとう」「ごめんなさい」がすんなり出てこない子どももいます。どのタイミングで言えばよいのかわからない場合や、言う必要性に気づいていない場合は、指導が必要になります。

困難の背景

「ごめんなさい」を言わない

状況理解が難しく、マイペース

何を言っていいかわからない

ことばをかけるタイミングがはかれない

あいさつの必要性を感じていない

社会性・コミュニケーション能力の問題が背景に

あいさつへの意識が低い

自閉症スペクトラム障害のある子どもの場合、他者への関心が薄く、人に対してあいさつをしたり、お礼を言ったりといった意識をもっていないケースが少なくありません。こうした子どもには、具体的な場面を提示して、このときはあいさつをする、このときはお礼を言う、こういうときは謝るというように指導する必要があります。

また、どのタイミングで言えばよいのかわからない子や、声に出す勇気がない子、反抗心から言わない子などもいます。子どもの気持ちをよく聞き、なぜうまく言えないのかを一緒に考えます。そして、無理やり言わせるのではなく、その子になじみやすい表現方法をアドバイスしてあげましょう。

活動１

あいことば

対象	幼児	小(低)	小(中)	小(高)	中学
形態	個別	ペア	小集団		

ねらい　リズム歌を使って、子どもたちが楽しみながら、あいさつや相づちなど、日常的なコミュニケーションの基本が身につけられるようにする。

あいことば

みんなで手拍子をしながら「あいことば、あいことば」と歌い、リズムに合わせながら、指導者の投げかけたことばに、子どもが「あいことば」でこたえていく。最初は掲示を見ながら、慣れてきたら半分を隠して、指導者→子ども、子ども→子どもと、レベルアップしていく。

活動のやり方

指導者：♪あいことば、あいことば、「こんにちは」
子ども：「こんにちは」

受けこたえ例

「おはよう」→「おはよう」

「ありがとう」→「どういたしまして」

「ごめんね」→「いいよ」「こっちもごめんね」

「入れて」→「いいよ」

「かして」→「いいよ」「どうぞ」

「どうぞ」→「ありがとう」

「いただきます」→「めしあがれ」

「痛い」→「大丈夫？」

「いってきます」→「いってらっしゃい」

受けこたえの応用

- 相手の言い方（軽い感じ、ていねいな感じなど）に合わせて
- 相手（大人、友だち、知らない人など）に合わせて
- 時や場所（学校、近所、店の中など）に合わせて

※注１）元気に声を出す活動なので、１日の授業のスタートに活用できる。
※注２）活動を始める前に、子どもに注視、傾聴（耳を傾ける）の姿勢をとらせる。

相手に合わせる

【軽い感じで】（友だちどうしで）

♪おっはよー！
♪おっはよー！

【敬語で】（例：来校していたお客さんに）

おはようございます
おはよう

関連するスキル

■スキル３「聞く」　■スキル22「ことばでのやりとり」

活動 2

何かがおかしいぞ

対象	幼児	小(低)	小(中)	小(高)	中学
形態	個別	ペア	小集団		

ねらい　状況にそぐわない受けこたえを適切に理解し、自分のふるまいの不適切なところに気づき、それを修正して、高学年らしく表現できるようにする。

「何かがおかしいぞ」

指導者が寸劇を演じ、登場人物（A君）の「高学年らしくない」ふるまい（行動）を見つけさせる。どこがおかしいのか、どう直したら「高学年らしい」ふるまいになるのかを子どもたちに考えさせる。

寸劇1　廊下で「A 君」とすれ違った先生が、「おはよう」と声を掛ける→「A 君」は立ち止まり、小さい子のように大きな声を張り上げて「おはようございます！」とあいさつを返す

答え：小さな声で「おはようございます」と言う、軽い会釈　など

寸劇2　「A 君」がうっかり友だちの足を踏んでしまった→友だちの前で土下座して、「大変申し訳ありません！」と大げさに謝る。

答え：軽く「ごめん」と言う　など

寸劇3　友だちが、「A 君」の消しゴムを拾って手渡してくれた→消しゴムを受けとった「A 君」は友だちに何も言わず、無視する

答え：「ありがとう」「サンキュー」と言う　など

※注 1）極端なくらい大げさに演じることがコツ。どこがおかしいかが、よりわかりやすくなる。

※注 2）相手に無視されたらどんな気持ちがするか、他者の立場に立って考えることがポイント。

しっかりやってみよう（ロールプレイング）

それぞれの寸劇の場面で、子どもたちから出た意見を、実際にロールプレイをしてみる。

【指導のポイント】

- いやがる子には無理にさせないで、やれそうな子にやってもらう。
- 上手にできる子に焦点を当てることで、モデリング学習を促す。
- ふざけてロールプレイをする子には、軽く訂正を求めるが、それでもふざける場合には、ロールプレイをさせないで席に戻ってもらう。

関連するスキル

■スキル 2「見る」　■スキル 17「肯定的にかかわる」

■スキル 22「ことばでのやりとり」

定着化・般化のポイント

謝れない理由を一緒に考える

《コミック会話で》

謝れない子には、謝れない理由を詳しく聞くことが大切。トラブルが起きた状況や、自分と相手の気持ちを把握するために、「コミック会話」のような絵で、場面を可視化すると理解しやすくなる

参考：キャロル・グレイ 著／門眞一郎 訳
『コミック会話　自閉症など発達障害のある子どものためのコミュニケーション支援法』（明石書店）をもとに作成

「謝れない子」への指導

　あいさつや受け答えなどのコミュニケーションスキルが、実際の生活場面でうまく使いこなすことができるようになることが求められます。そのためには、日常生活において、他者とのコミュニケーションがうまくはかれない場面に遭遇したとき、指導者がていねいに指導していくことも必要です。

　たとえば、友だちどうしのケンカなどのトラブルが起きたとき、その場ですぐに謝れない子がいます。そうした子どもに対しては、「コミック会話」などを使って、状況場面を振り返ったうえで、①なぜ謝れないのか、本人と一緒に分析する（悪いと思っていない、思っているけど謝る勇気がない、何と言ったらいいかわからないなど）、②すぐに謝れないなら、あとで謝る（時間的保証）、③謝る方法を考える（口頭が無理なら、手紙にして伝達するなど）の、3つのポイントを押さえた指導を行うとよいでしょう。

「あいことば」を使おう

　活動1で紹介した「あいことば」は、実際の生活場面でも活用できます。たとえば、指導者が子どもに対し、「謝りなさい」と指導するより、「あいことばは？」と促す方が、すんなり「ごめんね」と言えることが少なくありません。

　「あいことば」を子どもたちに浸透させるために、「あいことば集」という本をつくったり、「あいことば」の宿題を出したり、「今週のあいことば大賞」を決定したりして、日常生活のなかに、自然と「あいことば」が溶け込むよう指導していくことも効果的です。

　さらに、どの「あいことば」をどの場面で使えばよいかをロールプレイで指導することもすすめられます。「あいことば」を言うときの相手との距離のとり方、相手の顔を見ること、声の大きさや口調なども実際に演じてみて、スキルとして体得できるようになるとよいでしょう。

スキル

13

報告・連絡・相談

日常生活につまずきやすい子ほど、「報告・連絡・相談」にかかわるスキルが必要といえます。困った場面を乗り越えるために、支援を受ける必要性と、その方法を知っておくことが求められます。

困難の背景

相互のやりとりの弱さがある

人とのコミュニケーションが苦手なため、自分勝手な判断・行動をしてしまう。他人の意見を聞いたり、自分の状況を報告したりする必然性を感じない

あー、
ワークシートはまだ
貼らないのよ

ワーキングメモリー（短期記憶）に弱さがある

そうじが
終わったら報告に
来なさいって言ったよね

頼まれたことを忘れてしまったり、指示を聞き漏《も》らしてしまったりする

集中力がなく、注意力が散漫

あっ、まだ
終わってなかった
課題は
終わったの？

行動コントロールが困難で、やりかけのことを途中で放ってしまいがち。最後まできちんとやり遂げる意識が低い

独りよがりになりがちな子

社会的なコミュニケーションに弱さのある自閉症スペクトラム障害の子どもの場合、わからないことなどをだれかに確認したり、了解を得たりといったことに気が回らないことがあります。自分の思い込みで勝手に物事を進めてしまい、トラブルになってしまうことも少なくありません。

また、ＡＤＨＤのある子の場合は、不注意や忘れっぽさのため、指示されたことに取り組んだあとに、課題や作業が終わったことを報告せず、やりっぱなしになってしまいがちです。やり方がわからなくて、途中で放り出してしまうケースもあります。必要に応じて、だれかに相談し、与えられた仕事をきちんとやり終える力が求められます。

活動 1

ホットケーキ作り

対象	幼児	**小(低)**	**小(中)**	**小(高)**	中学
形態	**個別**	**ペア**	**小集団**		

ねらい 日常的な活動のなかで、必要に応じてホウレンソウ（報告・連絡・相談）を実践できるようにする。

ホットケーキ作り

ホットケーキを焼くという調理実習を通して、適宜、メインティーチャー（T1）への報告・連絡・相談をするよう促し、実践できたことを評価していく。幼児や低学年の場合は、安全のため火を使わない調理を行う場合もある

ホウレンソウの指導

- ホットケーキを作る工程をいくつかのステージに分ける。それぞれの子どもが各ステージをこなしたら、指導者に報告に行き、チェックを受けてから次のステージに進む
- アシスタントティーチャー（T2）は、子どもがメインティーチャー（T1）へ報告すること、手順やルールに沿って進めることができるように、子どもに個別に対応する

ホットケーキの作り方

掲示用手順カード

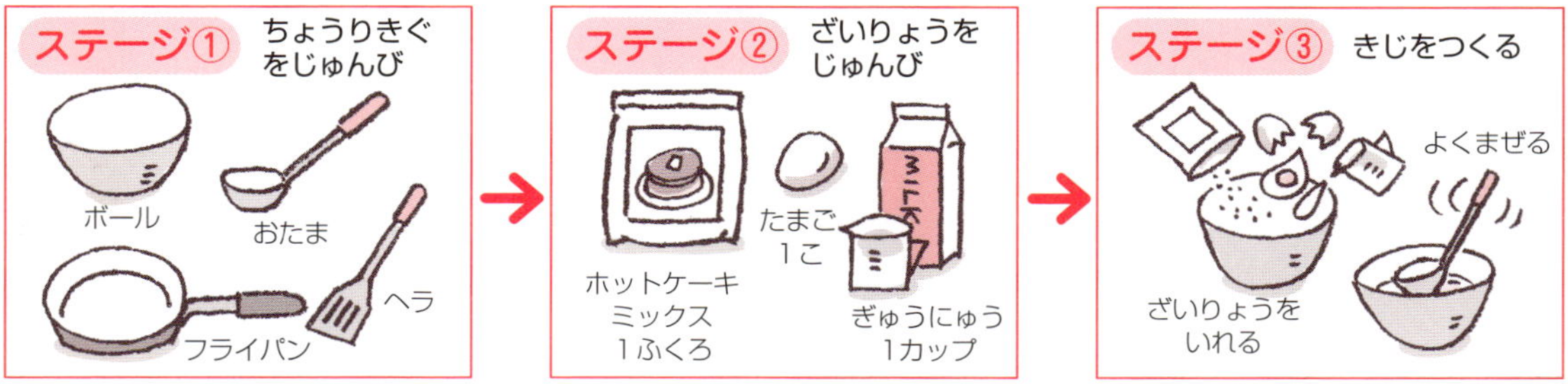
ステージ①
ちょうりきぐをじゅんび
ボール
おたま
ヘラ
フライパン
ステージ②
ざいりょうをじゅんび
たまご 1こ
ホットケーキミックス 1ふくろ
ぎゅうにゅう 1カップ
ステージ③
きじをつくる
よくまぜる
ざいりょうをいれる

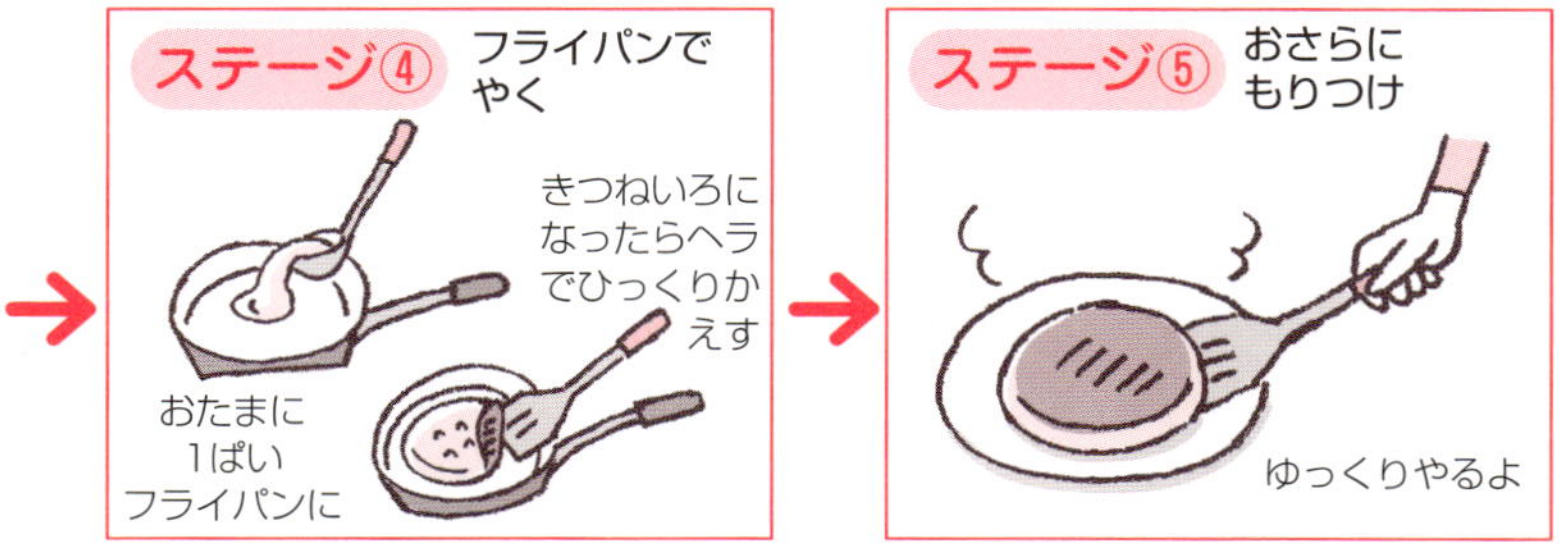
ステージ④
フライパンでやく
きつねいろになったらヘラでひっくりかえす
おたまに1ぱいフライパンに
ステージ⑤
おさらにもりつけ
ゆっくりやるよ

【指導のポイントと応用】

火を使う作業なので、安全に気を配ることを強調する。「ステージ○できました」と話型を使っていく。

関連するスキル

- スキル３「聞く」
- スキル５「ルールを守る」
- スキル 14「ヘルプを出す」

活動2

THEミッション（指令文）

対象：幼児｜小(低)｜小(中)｜小(高)｜中学

形態：個別｜ペア｜小集団

ねらい　頼まれごとを実行するゲームを通して、人から指示されたことを間違えずに果たすために必要なコミュニケーション力や工夫、わからなくなったときにヘルプを出すスキルを身につける。

THE ミッション（おつかいゲーム）

指導者に頼まれたミッション（おつかい）を実行してくる。基本は、1人につき1つのミッションを出す。能力によっては、一度に2つなど、実態に応じて変える。

ミッションのやり方

1. ミッションの内容を書いたカード（指令文など）を 1人ずつ順番に手渡す
2. 子どもはそのミッションを遂行してくる。ミッションが完了したら T1 に報告する。最後の報告をするところまでがミッション
3. 指示に従って活動する途中で、困った事態が生じることがある。そのときは、指示を出した指導者（T1）のところに戻り、相談し、問題を解決する
4. 指導者に報告・連絡・相談するときは、話型に沿った言い方にする

報告・連絡・相談の話型

報告・連絡・相談の話型は黒板に掲示しておき、子どもには、この言い方で指令をこなすよう教示する。

報告・連絡・相談の話型

＜ほうこくのしかた＞
「先生、△△から○○をもってきました。合っていますか？」
＜そうだんのしかた＞
「先生、わからなくなったので、もう一度おしえてください」
＜れんらくのしかた＞
「先生、□□先生から、◇◇と言うようにたのまれました」

アシスタントの指導者（T2）の付き添い

子どもがミッションを行っている最中は、アシスタントの指導者（T2）が付き添うようにする。T2 は、子どもの手助けはせず、ミッションをきっちりやり終えたかどうかをチェックするために付き添う。ただし、子どもが途中でミッションがわからなくなったり、困った事態に遭遇したりしたときは、指示を出した指導者（T1）に相談に戻るよう促すなどの助言はしてあげる。

ミッションの例

例1 隣の教室の黒板をきれいに消してくる
例2 ○○先生から、白いチョークを借りてくる
例3 校長先生に今日のグループの出席状況を伝えてくる
例4 副校長先生に、今日の中休みに体育館を使いたいとお願いしてくる

困った事態の例

例1 黒板を消そうと思ったら黒板消しが見当たらない
例2 白いチョークを借りに行ったら「赤いチョークしかない」と言われた
例3 校長先生に出席状況を伝えようとしたら、校長室に不在だった
例4 副校長先生に体育館を貸してほしいと頼んだら、「何に使うのかわからないと貸せません」と言われた

【指導のポイント】

- 「報告・連絡」ができるようになったら、ミッションの途中に、困った事態が生じるように組み込んでおき、「相談」の必要な場面をつくる。
- 中学年や高学年には、ミッションをカードではなく、口頭で伝える。短期記憶に弱さのある子の場合は、ミッションの内容を忘れてしまうが、その場合は指導者に聞きに来る、口頭の指示を聞きながらメモをとるなどの対応をするよう指導する。
- 学年や子どもの能力により、ミッションの内容を難しいものにしたり、一度に2つのミッションを出したりするなど、レベル調整するとよい。

例4 の場合

職員室で

副校長先生、中休みに体育館を使ってもいいですか?
何に使うのか教えてもらわないと貸せません
指令文
副校長

教室で

副校長先生に、何に使うのかわからないと貸せませんと言われました
発表会の練習をしたいと伝えてください
指令文

関連するスキル

■スキル3「聞く」 ■スキル11「人前で話す」
■スキル14「ヘルプを出す」 ■スキル22「ことばでのやりとり」

活動3

THE お宝ミッション（お宝の謎）

対象	幼児	小(低)	**小(中)**	**小(高)**	**中学**
形態	個別	**ペア**	**小集団**		

ねらい　「報告・連絡・相談」のスキルに加え、慣れない相手や場所でも適切にふるまえ、仲間どうしで励まし合ったりすることもできるようにする。

お宝の謎（指令文）

1人に1つずつ「指令文」を与え、指令を実行できた子には「お宝の謎の破片」を渡す。全員の破片がそろい、パズルのように破片を継ぎ合わせるとクイズの問題が読める。そのクイズをみんなで相談して解く。

指令文の例

- 保健室に行って、ばんそうこうを3枚もらってくる
- 事務室に行って、ホワイトボード用のマジック赤と青を1本ずつもらってくる

※注1）「指令文」には、たとえば「保健室、○○先生」とだけ書き、指示内容は口頭で言うなど、指令の出し方は、子どもの能力によってアレンジするとよい。

※注2）子どもに対応する指導者は、配慮や支援をしすぎないよう留意する。子どもの伝え方が不十分で、相手が誤解して違ったものを渡してしまうなどの状況が起こったほうが、むしろ勉強になる。

困った状況のほうが勉強になる

【指導のポイント】

指令には、子どもがあまり接する機会のない教職員や、あまり行くことのない場所などを適宜組み込み、慣れない人や場所でもうまく対応できるよう指導するとよい。指令への対応は、個々に向けた活動だが、最終的に「お宝の謎」を解くために、互いに励まし合ったり、応援し合ったりといった姿がみられるようになることが望ましい。

関連するスキル

- スキル3「聞く」
- スキル11「人前で話す」
- スキル14「ヘルプを出す」
- スキル19「協力する」

定着化・般化のポイント

お手伝いで報告・連絡・相談の習慣づけを

家庭でお手伝いの役割をひとつ担《にな》わせ、「終わったら報告する」「困ったときは相談する」などの習慣づけをすることがすすめられる。お手伝いは、家族の一員であることを意識させるうえでも有効。がんばりを評価してあげることが大切

係や日直の仕事で応用させる

学校では、係の仕事や日直の役目を果たす場面で、先生に報告や連絡をする機会があります。こうした日常的な活動を通して、こまめに報告・連絡・相談することを子どもに習慣づけることが重要です。

また、子どもに、報告や相談のために先生のもとに足を運ばせるためには、日ごろから、先生との間に信頼関係が築かれていることが前提となります。子どもに、「困ったときはいつでも相談に来ていいですよ」ということを伝えておくこと、報告や相談に来たときには、「ちゃんと言いに来られたね」と評価し、親身になって対応することが肝心です。

家庭でのお手伝い

家庭においても、「報告・連絡・相談」の習慣づけをすることが望ましいといえます。そのために、子どもにまかせるお手伝いをひとつ決め、実行の過程で親に報告したり、相談したりといったプロセスを組み込むようにします。

たとえば、風呂掃除と決めたら、風呂掃除のやり方をひととおり教え、さっそく実践してもらいましょう。親が「お風呂掃除お願いね」と頼んだら、すぐに取りかからせ、終わったら「風呂掃除終わったよ」と報告させます。報告を聞いた親は、風呂場に確認に行き、「どうもありがとう。助かったわ」と労をねぎらいます。途中でやり方がわからなくなったり、掃除道具が壊れたりといったトラブルが生じたときは、親に相談して解決をはかるようアドバイスしておきます。

①頼まれたらすぐに取りかかる、②終わったら報告する、③困ったときは相談する、の3つのポイントを押さえて活動することが大切です。

家庭でお手伝いなどを実践させるときは、子どもの取り組みを評価し、最後は「ありがとう」のことばで締めくくることが大切です。

スキル 14

ヘルプを出す

社会性に弱さのある子の場合、他者に助けを借りるという意識が希薄なことがあります。助けを求め、支援してもらってよかったという経験を積むことにより、支援を受ける必要性に気づきます。

困難の背景

ひとりで解決できることがよいと思い込む

人の助けを借りずに、なんでもひとりでできたほうがよいという思い込み（こだわり）がある

他者に対する意識が薄い

助けてくれる人がいる、あるいは、人に助けを借りようという意識がない

対人不安・対人緊張がある

助けてもらえなかったらどうしよう、失敗したらどうしようという不安や緊張が強い

助けを求めても拒絶されると思っている

学校や家庭でも、制止や拒否されることが多い子は、助けを求めてもムダと思い込んでいる

他者を信頼し助けを求める

自閉症スペクトラム障害のある子の場合、他者に頼るという意識が希薄で、困ったときに助けてもらうという考えに至らないことがあります。また、人からのアドバイスや、差し伸べられた手を、自分の世界をみだす不快なものとみなしてしまうケースもあります。

一方、行動コントロールの利きにくい子どもは要求が多い（強い）ために、他者から拒絶されることが多く、そうした経験を繰り返すうちに、「どうせ助けてもらえない」と、あきらめてしまいがちです。

このような課題のある子どもたちについては、適時に適切な支援を受けられるよう、自ら「ヘルプを出す」スキルを身につける必要があります。

活動1

上手にお願い！

対象	幼児	小(低)	小(中)	小(高)	中学
形態	個別	ペア	小集団		

ねらい 指導者が行う寸劇を見て、困ったときに、うまく指導者に助けを求める話型と、切り出すタイミングを学ぶ。

上手にお願い！

ヘルプが出せない子の多くは、困ったとき何と言ったらいいかわからない。人に助けを求めるとき、どのような言い方をすればいいのかを、指導者が演じる寸劇を見て考える。

寸劇の例

授業中トイレに行きたくなる。「どうしよう、授業中なのに、トイレに行きたくなってしまった。なんて言えばいいんだろう！」と、セリフを言い、状況をわかりやすく伝える。

解答例

「先生、トイレに行ってもいいですか？」

◆**助けを求めるときの話型**

「先生（○○さん）、△△なので、□□してもいいですか？（□□してください）」

↓

話型の定着をはかる

◆**話型を使った言い方の例**

- 「先生、算数の教科書を忘れました。どうすればいいですか？」
- （隣の席の子に）「ねえ、筆箱忘れてきたから、鉛筆貸してくれる？」

応用

話型は提示するが、それにこだわらず、「自分ならこう言う」という解答例を多くの子に発表させる。「それもいいね」と肯定し、自分流の言い方でも、言いたいことがきちんと伝わればよいことを示す。

↓

子どもの発言（解答例）を踏まえて、それを使って寸劇の続きをやってみせてもよい。その言い方でうまくいくことを示し、「うまくいったね」と確認する。

関連するスキル

■スキル11「人前で話す」 ■スキル13「報告・連絡・相談」
■スキル25「適切に気持ちを表現する」

活動２

助けてレスキュー

対象	幼児	小(低)	小(中)	小(高)	中学

形態	個別	ペア	小集団

ねらい 友だちに助けを求め、助けてもらえたときは、「ありがとう」とお礼を言うことを学び、困ったときには、抵抗なく人に支援を求められるようにする。

助けてレスキュー

頭に玉入れの玉をのせ、時間内に落とさないように逃げ切るゲーム。

ゲームのやり方

❶助けを求めるグループと助けてあげるグループ（レスキュー隊）に分かれる《各３～５人ぐらい》

❷助けを求める人たちは、頭に玉入れ用の玉をのせて、落とさないように制限時間（５分）いっぱい歩く

❸指導者が演じる「ハリケーン」が動き回ってプレッシャーをかけ、玉を落とそうとする。

❹玉が落ちたら、レスキュー隊に「○○君助けて！」と声を掛ける

❺レスキュー隊長（指導者）が助けを求められたことを認めたら、「○○君、△△さんのところへ出動！」と指令を出す

❻○○君は「ラジャー！」と言って出動し、△△さんの玉を拾って頭にのせてあげる

❼△△さんが「ありがとう」とお礼を言わなければ、○○君はレスキュー隊に戻れない。次の人を助けるためには、一度、レスキュー隊に戻って再出動しなければならない

❽最後の時点で、みんなが玉を落とさず頭にのっている状態を目指す

【指導のポイント】

- 同時に何人かの子が玉を落とす状況が起こるため、いっせいに「○○君助けて！」「ありがとう！」の声が聞かれることになる。「ありがとう」と言われたくて、レスキュー隊をやりたがる子が多い。できるだけ、両方の役割を経験できるようにする。
- 高学年や中学生は「こおりおに」をやってみてもよい。

関連するスキル

■スキル５「ルールを守る」　■スキル 11「人前で話す」
■スキル 22「ことばでのやりとり」

定着化・般化のポイント

助けを求めてきたら応じる

わからないので教えてください
○
×
じゃあ、途中まで一緒にやってあげるね
ひとりでやらないと力がつきませんよ！

「お願い」（ヘルプ）が多く、人に頼りがちな子もいるが、要望を拒絶し続けると、応じてもらえないとあきらめて、ヘルプを出さなくなってくる。困ったとき、助けを求めたら応じてくれるという信頼感をもたせることが大切

ヘルプを拒絶しない

子どもに、「ヘルプを出す」ことを定着させるためには、子どもの出したヘルプを、常に、確実に受け止め、対応してあげることです。通常の学級や家庭においては、発達障害の特性を十分踏まえずに、子どもの要求をむげに拒絶してしまう場面が見かけられます。実際には、子どもがやっとの思いで頼ってきているのに、「それぐらい自分で考えなさい！」と突き放してしまうような場面です。

たとえば、忘れ物をしたことを言い出せずに黙っている子どもに、先生が「黙っていちゃダメでしょ！」としかり、翌日、同じ子が「先生、○○忘れました」と伝えに来たら、「また、忘れたの？自分でなんとかしなさい！」などと言ってしまうことがあります。

この場合、子どもは前日の経験を踏まえて、翌日、「忘れ物をして困っている」というヘルプを先生に出すことができました。そのことを評価し、「じゃあ、隣の人に借りてください」というように、対応してほしいところです。

スキル獲得の優先順位

このような子の場合、ヘルプを出す、忘れ物をしないようにする、自分で考えて行動するといった、3つのスキルの獲得が必要だといえます。しかし、3つを一度に身につけることはできません。最初にどのスキルを獲得すべきか、そのスキルが定着したうえで、次のスキルを…というように、優先順位があるのです。

このケースでは、まず、指導者などに「ヘルプを出す」ことができるようになることが求められます。そのうえで、忘れ物をしないような持ち物管理のスキルを学ばせます。自分で考えて行動するスキルは、もっと高度な課題となります。いま、子どもに必要なスキルは何かを見極め、まず、それに照準をしぼって指導し、徹底的に強化することがポイントといえます。

スキル 15

上手に話し合う

「話し合い」は、ことばで上手に提案する、人の意見を肯定的に受け止める、ときには妥協するなど、さまざまな要素を含んだ総合的スキルです。子どもの能力や特性に応じたレベルの設定が求められます。

困難の背景

「話し合い」は総合的スキル

上手に話し合う
相手の質問に的確に応答する
自分の考えや意思を適切に表現する
話し合いの手順を理解する
みんなで決める方法を理解する
みんなで決めたことに従う
意見が対立したとき折り合いをつける
相手の気持ちや立場を考える
人の話を聞く

「話し合い」のスキルは、さまざまな要素を含んだ総合的スキルである。人の話を聞いたり、自分の考えを提案したり、人と折り合いをつけたり……といった、さまざまな基本スキルを駆使することで身につけることができる、より高度なスキルといえる

多様な要素を含んだ総合的スキル

「話し合い」のスキルは、学習だけでなく、遊びの場面でも必要とされます。

自分の意見をわかりやすく、押しつけにならないように、ことばで伝えなければならず、言語表現の苦手なＬＤの子には難しい場合があります。また、場の雰囲気を読んで、相手に譲ったり、考え方を切り替えなければならない場面では、自閉症スペクトラム障害がある子は対応できないことがあります。

また、待つことが苦手なＡＤＨＤでは、他者の意見を最後まで聞けなかったり、口をはさんでしまったりといったことが起こりがちです。

気軽に話し合える場を頻繁に設定し、話し合って良かったと子どもが思える経験を積ませることが重要です。

活動1

野菜くだものビンゴ

対象	幼児	小(低)	小(中)	小(高)	中学
形態	個別	ペア	小集団		

ねらい 提案のしかた、合意の得方などを学び、みんなで話し合って決めるときに必要なスキルの獲得・定着をはかる。

野菜くだものビンゴ

2～5人のチームを組み、チームに1枚ずつマス目だけが描かれたカードを配り、野菜やくだものの名前を自由に書き入れたビンゴカードを作る。ビンゴゲームでは各チームが順に野菜やくだものの名前を言っていき、早くビンゴが完成したチームが勝ち。

ゲームのやり方

1. 各チームにビンゴカード（3×3～5×5のビンゴマスのみのもの）と鉛筆1本を配る
2. チーム内で相談して、ビンゴマスに野菜やくだものの名前を書き入れていく
   ※注）全員が1マスずつ順番に書き入れていくのでもよい。その場合は、ほかのメンバーに相談し、了解を得てから記入する。
3. チーム内で、どの名前から発表するか話し合い、相談、了解を得る（「たまねぎから言ったらどう？」「いいね」「でも、とまとのほうがリーチにちかくなるよ」など）
4. 手元のビンゴカードにほかのチームが発表した名前があったら、そこに○を付ける
5. あと1つで1列そろうというときは「リーチ」、1列そろったら「ビンゴ」と、チーム全員が声をそろえて言う

ビンゴカード（4×4）

【指導のポイント】

ビンゴカードに名前を記入するとき、「～でいい？」「～でどう？」→「いいよ」「いいね」の話型カードを活用し、提案のしかた、同意のしかたを定着させる。

応用

「野菜くだもの」のほか、「海の生き物」「都道府県」「文房具」「動物」「国名」などのテーマも。

関連するスキル

- スキル5「ルールを守る」
- スキル13「報告・連絡・相談」
- スキル22「ことばでのやりとり」

活動 2

休み時間にみんなで遊ぼう

対象	幼児	小(低)	小(中)	小(高)	中学

形態	個別	ペア	小集団

ねらい みんなで決める方法について学び、決まったこと（意見）に従えるようにする。

みんなで遊ぼう

みんなで遊ぶ「遊び」を何にするか、話し合って決める。最初は、指導者が主導するが、徐々に子どもだけで話し合わせるようにする。いろいろな話し合いや決め方があることを学ぶ。

遊びのリストアップ

- 指導者がリストアップしたものから選ぶ
  「今日はおにごっこか、かくれんぼか、ボール遊びの中から選びます」
- 慣れてきたら、子どもに意見を出させる
  「何をして遊びたいですか？」

みんなで決める方法

- 多数決、じゃんけん、あみだくじ、くじ引きなど
  （例：「今日は多数決で決めます。1人２回手をあげてください」）
- 時には相手を思って「譲る」ことも学ばせる（前回は自分の意見が通ったから、今回は相手に譲る）

※注）1つのやり方だけでなく、いろいろな決め方を経験するとよい。

決まった意見に従う

みんなで話し合って決めたことなので、不本意でも従わなければならないことを事前に理解させる。絵カード（「従わずに怒る」「思いどおりにならなくて泣く」など）を使ったり、自分の意見が採用されずに怒って参加しないケースのロールプレイを行って、「決められたことに従う」大切さを学習する。

意見が採用されなかった子への配慮

自分の意見が採用されなかった子に対する配慮のしかたも指導する。

◆声の掛け方：「どんまい」「今度は○○にしようね」「次の休み時間は○○しようか」

関連するスキル

- スキル５「ルールを守る」
- スキル９「上手に切り替える（気持ち）」
- スキル 11「人前で話す」
- スキル 22「ことばでのやりとり」

活動3

アイデア・ブレーンストーミング

対象	幼児	小(低)	小(中)	小(高)	中学
形態	個別	ペア	小集団		

ねらい　アイデアを出していくゲームを通して、提案のしかた、人の意見への応答・同意のしかたを学ぶ。

アイデア・ブレーンストーミング

あるものの利用法について、チーム内でどんどんアイデアを出していく。チーム全員の同意を得られたアイデア1つにつき1点が獲得でき、制限時間内で高い得点がとれたチームが勝ち。チームが複数つくれないときには、毎回、または日を変えて、違うテーマで行い、記録に挑戦する。

利用法のテーマ例

- 紙コップ
- 空き缶
- ペットボトル
- カーテン
- 黒板消し
- 新聞紙

意見の出し方・応答のしかたのルール

- 「〜はどう？」という聞き方で、みんなに提案する
- 「あるある」「いいね」「同じです」などのことばで同意を示す

※注）ほかのメンバーの意見を否定しないことがコツ。早くみんなで同意すれば、得点が増えることを子どもに理解させる。

【指導のポイント】

- 指導者が各チームに1人つき、記録係をする。同意がないアイデアは記録しないようにし、「同意がないよ」などと声かけをして応答することを促していく。
- 子どもが、自分の意見を言っても否定されないという安心感をもって発言できる雰囲気をつくることが大切。アイデアに正解・不正解はなく、非現実的な内容でもOKとする。
- アイデアが思いつかない子のために、前もってテーマを伝え、個別指導でアイデアを考えさせておくのもよい。
- 危険なことや、マナー違反になることを言ってふざけてしまう子どもがいる場合には、事前に「危ないアイデア」「恥ずかしいアイデア」はマイナス5点にするといったようなルールをもうけておくとよい。

関連するスキル

- スキル11「人前で話す」
- スキル17「肯定的にかかわる」
- スキル22「ことばでのやりとり」

活動4

順位を当てろ

対象	幼児	小(低)	小(中)	小(高)	中学
形態	個別	ペア	小集団		

ねらい

時間内に意見をまとめるために、意見を言う、意見を聞く、相手を説得する、譲る、意見を変える（折り合いをつける）などの柔軟な対応ができるようにする。

順位を当てろ

2～3人のチームに分かれ、「○○ベスト5」の順位を予想する。制限時間（10分）内にチームの予想順位を出し、正解に近いほうが勝ち。

テーマ例

- 人気給食メニューベスト5
- 女の子があこがれる職業ベスト5

ゲームのやり方

1. 子どもたちは、個人でテーマにそったベスト5を予想し、ワークシートに記入する
2. 自分の予想をチーム内で持ち寄り、10分以内に、チームの予想順位を話し合って決める
3. チームごとに予想順位を発表したあと、指導者から正解発表
4. その後、順位予想の話し合いで感じたことなどをワークシートに記入し、振り返る

【指導のポイント】

正解することが目標ではなく、上手にチームで話し合い、結論を出すことが目的。時間内に結論を出さなくてはならないので、譲ったり、折れたり、説得したりと、状況に応じたさまざまな対応が必要になることを理解させる。

フィードバックの方法

「時間がなかったので、しかたなく自分の意見を曲げた」「人の意見を聞いて、考えが変わった」など、人とのかかわりを踏まえたうえでの判断や考え方を評価する。「渋々譲ったけど、正解したからよかった」など、心理的な葛藤のプロセスを振り返り、「譲ってよかったね」「正解しなかったけど、意見が言えてよかったね」など、折り合いがつけられたことを肯定的にフィードバックするとよい。

関連するスキル

- スキル19「協力する」
- スキル21「空気を読む」
- スキル22「ことばでのやりとり」

活動5

チームDE問題解決

対象	幼児	小(低)	**小(中)**	**小(高)**	**中学**
形態	個別	**ペア**	**小集団**		

ねらい 問題の解決法を話し合いで決める活動を通して、いろいろな考え方や方法を知り、みんなが納得する解決法を導くための話し方や態度を身につける。時には妥協が必要なことも学ぶ。

チーム問題解決ゲーム

2〜6名のチームをつくり、提示された問題を解決していく。作業や活動をしながら解決する問題もあり、チームのメンバーで分担したり、協力したりする場面も出てくる。

問題の例

「教室で女子が着替えられるように、扉の窓に目隠しをせよ」

◆**取り組み例：**目隠しの方法を話し合う（「画用紙だと小さすぎる」「模造紙だと切らなければならない」「窓のサイズを測ろう」など）

➔紙を貼る作業を行う（「ガムテープで貼る？セロテープで貼る？」「サイズを合わせないとすき間が空いちゃう」「私が貼るから、紙を押さえておいて」など）

※注）事前に、「あったかことば」（111ページ参照）を指導しておく。解決中にケンカが起きたら失敗となると話し、意識づけをしておく

作業を要するテーマの場合、仲間で協力したり、助け合ったりするスキルも必要になる

ほかの問題例

- 「写真のとおりに、お楽しみ会の会場セッティングをせよ」「倉庫の赤玉、白玉の数を数えよ」など（話し合うだけでなく、動作や作業を伴うものがよい）
- 応用として、だれかの悩みや相談事を解決するのも一案（「宿題を忘れていつも怒られてしまう。どうしたらいい？」「男子が給食中に笑わせてくる。どうしたらいい？」など）

振り返り（フィードバック）

いったん「解決」させたあと、うまく解決できたかどうかの振り返りが必要。解決中の協力のしかたやことばづかい、態度などに問題はなかったかどうかも振り返り評価する。

関連するスキル

■スキル19「協力する」　■スキル20「仲間で計画・立案・実行する」
■スキル22「ことばでのやりとり」

活動6

テーブルゲーム（カードゲーム、ボードゲーム）

対象	幼児　小(低)　小(中)　小(高)　中学
形態	個別　ペア　小集団

ねらい　簡易なテーブルゲームを通して、みんなで決める、ルールに従う、順番を守る、人の話を聞く、応答するなどの総合的なスキルを身につける。

カードゲーム、ボードゲーム

市販のカードゲームやボードゲームをルールに則って進行させる。

ゲームの種類

- カードゲーム…トランプ、ＵＮＯなど
- ボードゲーム…人生ゲーム、サッカーゲーム（２対２、審判１人）、野球ゲームなど
- 質問回答ゲーム…アンゲーム

スムーズに進めるコツ

- ゲームを始める前に、順番や役割を決めておく
- 理解しているルールが人によって、微妙に異なることがあるため、簡単なルール確認をしておく

アンゲーム（自己表現や話し合いを経験するのに、おすすめのカードゲーム）

◆アンゲームとは：ペアやグループで順番にカードを引き、書かれている質問に答えるゲーム。カードを引いた人以外は、コメントや追加の質問はできないが、「質問・コメントカード」を引くと、質問やコメントができる。しゃべりたい欲求を抑えなければならないところがおもしろい。

※注１）２巡程度したところで、「質問・コメントタイム」や「みんなで話し合いタイム」（これまでに出たテーマについて、みんなで意見交換したり、グループでひとつの回答をつくってみる）をもうけて、話し合いの機会を増やすのもよい。

※注２）指導者が、カードの質問内容をあらかじめ点検し、子どもの実態に応じた内容のものを選択しておくほうがよい。

関連するスキル

- スキル４「待つ」
- スキル11「人前で話す」
- スキル16「会話」
- スキル22「ことばでのやりとり」

定着化・般化のポイント

発達段階に合わせた指導

《幼児・小学校低学年》

指導者（先生）が仲介に入り、あるいは進行役となって、話し合いをさせる

↓

《小学校中学年》

子どものなかから議長や進行役を立てて、話し合いをさせる

↓

《小学校高学年・中学生》

日常の場でも（議長や進行役を特に立てなくても）、子どもどうしで話し合える

発達段階に応じた指導を

話し合いのスキルを身につけさせるうえで大切なことは、発達段階に応じた指導内容・指導方法をとるということです。

小学校低学年くらいまでは、何をして遊ぶかを決めるときにも、先生や大人が仲介に入り、じゃんけんや多数決などの方法を提案しながら、話し合いの方法を子どもに体験させていきます。

中学年ごろから、議長や進行役を立てて、子どもどうしで話し合う機会が増え始めるでしょう。提案のしかたを工夫する、相手の気持ちに配慮する、優先順位をつけるなど、より高度なスキルも必要になってきます。

さらに、高学年や中学生になれば、日常的に子どもどうしで話し合うことが増え、話し合いの手順やルールは簡略化され、暗黙《あんもく》のルールも増えてくることになります。

生活のなかで学習機会を見つける

学校生活において、子どもたちが話し合いをする機会はたくさんあります。チームを決める、遊びや体育で行うゲームで作戦を立てるなど、いろいろな機会を有効に生かすことが大切です。

話し合いを子ども任せにして、不用意なトラブルを生じさせることは避けるべきですが、トラブルが起きないように、指導者が何もかも決めてしまったり、一定の答えや方向性を示してしまったりすることも好ましくありません。

トラブルも含めて、子どもが自分なりに考え、解決策を見いだしていく力をつけていくことが、社会性を養うことにつながっていきます。

また、どんなによい意見でも、その場の人に同意してもらえるかどうかで、採用されないこともあるということを子どもに理解させなければなりません。相談や話し合いは互いの同意のうえで決まるものであるということを自覚させることが大切です。

スキル 16

会話

自分だけ一方的に話してしまったり、相手の反応や関心が理解できずに、会話につまずく子がいます。話の聞き方や、話を切り出すとき、対話を続けるときのルールを指導する必要があります。

困難の背景

相互のやりとりが困難
昨日見たテレビだけどさ…
まだ話終わってなかったのに…
ことばの表現や理解が苦手
……
なんて言ったらいいか…
一方的に話してしまう
ペラ ペラ ペラ
いつまで話し続けるの
相手の反応や関心をくみ取れない
へびが巻きついてきてね…

会話が成り立たない
会話が続かない

相互的なやりとりが難しい

発達障害のある子のなかには、ことばの表現や理解が苦手な子がいます。

また、話し手と聞き手の移り変わり（相互的なやりとり）のタイミングがわからず、人が話している途中に割り込んで自分の話を始めてしまったり、人の話を聞かずに、自分だけ一方的に話してしまうケースもあります。相手の気持ちや関心に配慮せずに話してしまう子もいます。このように、人との会話がうまくできないと、友だちとの人間関係などに支障をきたします。

会話に必要な、相手の話の聞き方、話し出すタイミング、適切な話題の選び方などの基本ルールを、視覚的ツールを取り入れてわかりやすく指導することが求められます。

活動1

会話のキャッチボール

対象	幼児	小(低)	小(中)	小(高)	中学
形態	個別	ペア	小集団		

ねらい 話題に沿って会話を続けたり、会話の話し手の移り変わりを意識できるようにする。

会話のキャッチボール

話題に沿った会話を続ける練習をするゲーム。最後まで話題がそれずに会話が成立できたら、ポイントがもらえる。急に話題が変わったり、自分ばかり話してしまったり、黙り込んでしまったりすると、会話不成立となる。指導者が会話カードに沿って会話を進めていく。

会話のキャッチボールのやり方

- 指導者が会話カードに沿って話題をなげかけていく
- 話題に沿った会話を行う
- 話し手がぬいぐるみを持ち、話し手が変わるときにその人にぬいぐるみを手渡す
- 会話が成立しないとき（自分ばかり話す、話題がそれる、黙るなど）は、ぬいぐるみを大げさに転ばせるなどし、会話が成立しない状況を示す
- 最後まで会話が続けられたらポイントをもらう

会話カードの例

会話①
おはよう
「・・・・」
いい天気だね
「・・・・」
ところで、○○くんのかぞくは何人?
「・・・・」
ぼくの家族は4人家族で…
いまは○○くんの話を聞くんだな

【指導のポイント】

- 話題が急に変わってしまう子には、話題を変えるときのことば（「ちょっと話は変わるけど」など）を教えていく。
- 聞き手は、ぬいぐるみを持っている話し手に注目するように声をかける。
- 慣れてきたら、ぬいぐるみを持たなくても会話ができるようになるとよい。
- 聞き手のスキル（うなずく、相づちなど）も同時に指導するとよい。

会話キャッチボールの例

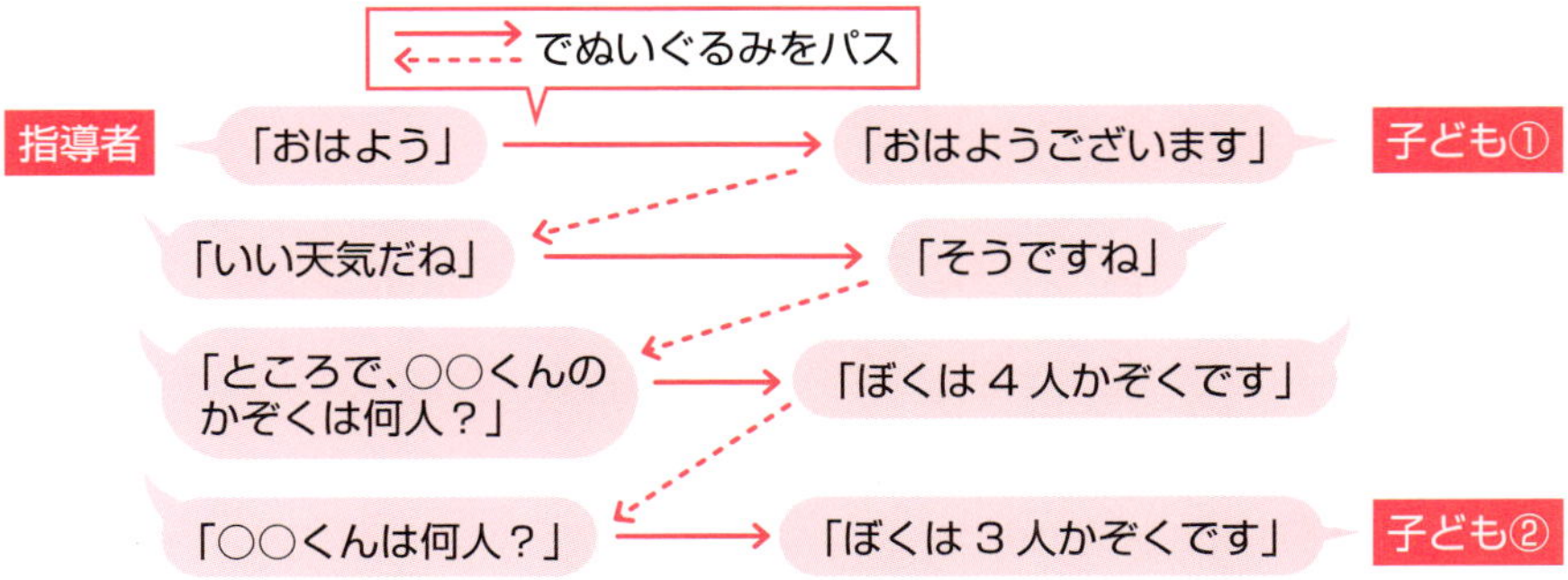
でぬいぐるみをパス
指導者
子ども①
子ども②
「おはよう」
「おはようございます」
「いい天気だね」
「そうですね」
「ところで、○○くんのかぞくは何人？」
「ぼくは４人かぞくです」
「○○くんは何人？」
「ぼくは３人かぞくです」

関連するスキル

■スキル11「人前で話す」 ■スキル22「ことばでのやりとり」

活動2／活動3

給食での「おしゃべりタイム」／「お茶会」をしよう

対象	幼児	小(低)	小(中)	小(高)	中学
形態	個別	ペア	小集団		

ねらい　提供された話題について会話をし、話題がそれないよう、意識して話ができるようにする。

給食での「おしゃべりタイム」

給食を食べはじめて、5〜10分ほどたったころに、「じゃあ、今からおしゃべりタイムをしましょう」と「おしゃべりタイム」を設定する。指導者は、子どもに話題に関連する質問をしたり、子どもの回答から話を広げたりして、会話の仲介役を担う。

話題の例

- 夕べの晩ご飯のメニュー
- 休みの日にしたいこと
- 好きな食べ物、テレビ

【指導のポイント】

- 話題がそれてしまった子には「あれ、話が変わったね」「○○のことはどうなったのかな？」と、元の話題を意識させる。
- おしゃべりばかりして、食べることが遅くなる子どもがいる場合は、「もぐもぐタイム」（おしゃべりしないで食べる時間）と「おしゃべりタイム」（食べながらおしゃべりする時間）の両方を設定する。

「お茶会」をしよう

高学年や中学生になると、子どもどうしでのおしゃべりが重要になる。お菓子やお茶・ジュースなどを用意して、指導者が介入せず、子どもだけで自由に会話できる「お茶会」を企画してもよい。

【指導のポイント】

- 「お茶会」を始める前に、「会話のキャッチボール」（前ページ参照）を確認し、意識させる。また、「お茶会」終了後に、「会話のキャッチボール」が守れたか、振り返りを行うとよい。
- 「お茶会」の企画から子どもたちに任せてやらせてみてもよい（日時、場所、参加者、お菓子やジュースの調達法など）。

関連するスキル

■スキル11「人前で話す」　■スキル15「上手に話し合う」
■スキル20「仲間で計画・立案・実行する」

定着化・般化のポイント

視覚的な指示が効果的

話をしてもいい場面なのか、人の話を聞かなければならないのか、判断できない子もいるので、絵カードなどで示して視覚的に伝えるとよい

会話や発言のルールを確認する

在籍学級においても、会話のルール、発言のルールを決めて、クラス全員で確認しておくことが大切です。

たとえば、自由に話をしてよい場面なのか、静かにして人の話を聞かなければならない場面なのかが、すぐに判断できない子もいます。絵カードを示すなどして、視覚的に伝えるようにすることで、発達障害のある子だけでなく、どの子どもにとっても、状況が把握しやすくなります。

また、発達障害のある子の場合、言いたいことが頭のなかに浮かんでいても、それをどのようにことばで表現したらよいかわからないことがあります。そのような子の場合、手本となるパターン（話型）を示してもらえると、会話がスムーズにできるようになります。

会話の仲介役に

給食時間や休み時間にみんなの話の輪に入っていけないという子もいます。そうしたケースでは、ときどき、指導者が仲介役を買って出てもいいでしょう。

「交渉ゲーム」で話し上手に

高学年に向けて、会話のキャッチボールの応用として、「交渉ゲーム」を取り入れることも有効です。

交渉する役（子ども）と、交渉される役（親や先生）に分かれて、ロールプレイで行います。

相手を怒らせずに、最後に「うん」「OK」と言わせたら、交渉が成立したことになり、「勝ち」となりますが、交渉中に相手を怒らせても、自分が怒っても「負け」です。

交渉する内容は、「お母さんに夕飯をカレーにしてとお願いする」「お母さんに新しい筆箱を買ってとお願いする」「先生に宿題を忘れたことを言う」「お腹が痛いので保健室に行きたいと言う」など、子どもの実態に応じたものを考えます。

話の切り出し方、相手を不快にさせない話し方、上手な謝り方などを身につける練習になります。

スキル

17

肯定的にかかわる

反射的に乱暴なことばを使ってしまい、人と穏和にかかわれない子がいます。暴言に感情的に対応するのではなく、適切な行動をとっている子を評価することでモデリング学習をさせるのも効果的です。

困難の背景

社会的コミュニケーションに弱さがある

相手の視点に立つことや、相手の気持ちを理解することができず、ひどいことばを使ってしまう

行動コントロールが利かない

衝動性があり、反射的に乱暴な言動に出てしまう

情緒不安定（フラストレーション状態）

学校や家族でひどくしかられたり、つらい体験をしていたりする経緯がある。いつも自分が注意されているため、人の過ちを見つけると、ここぞとばかりに注意してしまう

衝動的に乱暴なことばが出てしまう

人に対して、穏和な態度で接することができず、反射的に「うるせえ！」「どけ！」などといった、乱暴なことばや言い切り型の口調が、口を突いて出てしまう子がいます。

また、相手の視点に立つことや、相手の気持ちを理解できず、ことばのもつ意味や重さ、相手に与えるダメージに、考えが及ばない子もいます。

このほか、愛着形成の問題があり、対人不安や不信感が強いケースでも、他人に対して攻撃的な態度をとる傾向があります。

指導者は、こういった態度に感情的に対応するのではなく、子どもの状態や困難さに応じて支援していくことが望まれます。

活動1

あったかことば・チクチクことば

対象	幼児	小(低)	小(中)	小(高)	中学
形態	個別	ペア	小集団		

ねらい　ことばや言い方には、人を温かな気持ちにさせるものと、人を傷つけるものとがあることを理解させ、人の気持ちに配慮したことばを使えるようにする。

あったかことば・チクチクことば

指導者による寸劇を見て、ふだん使っていることばには「あったかことば」（温かい気持ちになることば）と「チクチクことば」（いやな気持ちになることば）があることを理解させる。

寸劇の例

1. A君が風船バレーで失敗したB君に、「ドンマイ、ドンマイ」と声を掛けている場面
→B君の表情がにこやかになる
2. A君が風船バレーで失敗したB君を、「あーあ、へたくそ！」となじっている場面
→B君はさらに落ち込む

発問・意見交換

寸劇を見たあと、それぞれの場面でB君がどんな気持ちになったのか意見を聞く。ネガティブなことばに対して、子どもからは「気にしない」「悲しい」「ムカつく」など、さまざまな意見があるが、すべて取り入れ、これらが「いやな気持ちになることば」、つまり「チクチクことば」であることを掲示物も使い教示していく。（「あったかことば」も同じような方法で教示する）

子どもたちの「あったか」「チクチク」の経験を取り上げる

「あったかことば」と「チクチクことば」があることを説明する。指導者が知っている、それぞれのことばを例として挙げる。次に子どもから、言われたことのある「あったかことば」と「チクチクことば」を挙げてもらい、板書する。

↓

子どもに、いろいろなことばを「あったか」か「チクチク」か弁別させる（「あったか・チクチクワークシート」を活用）。

↓

「あったかことば」を使い、「チクチクことば」は使わないようにしようという目標を示す。

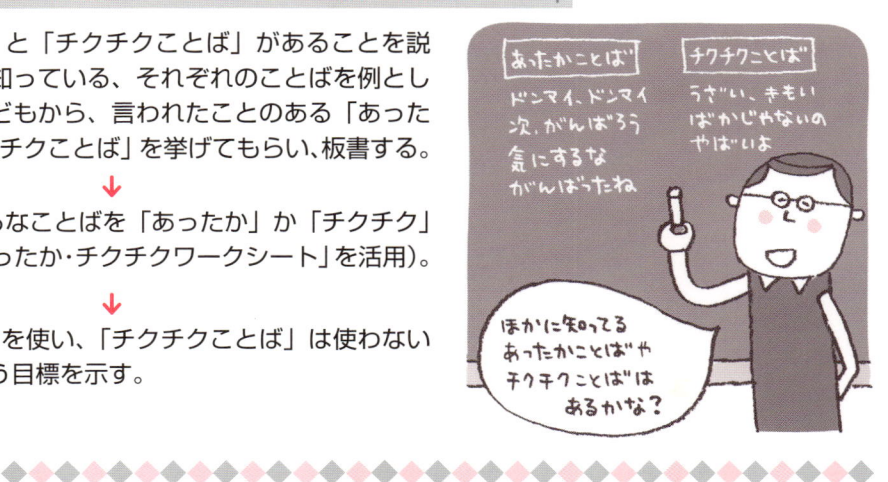

関連するスキル

- スキル5「ルールを守る」
- スキル12「あいさつ・お礼・謝る」
- スキル19「協力する」
- スキル25「適切に気持ちを表現する」

活動2

「あったか・チクチク」風船バレー

対象	幼児	小(低)	小(中)	小(高)	中学
形態	個別	ペア	小集団		

ねらい　「活動1」で学んだ「あったかことば」「チクチクことば」を意識し、ゲームや遊びのなかで適切なことばづかいができるようにする。

「あったか・チクチク」風船バレー

2チームに分かれ、ボールの代わりに風船を使ったバレーボールのゲームをする。風船が地面についたり、サーブを失敗したら相手チームに加点されるといった通常のルールに加え、プレイヤーが「チクチクことば」を言ったら、相手チームに1点加算されるしくみにする。

チームの分け方

1チーム3人くらいがよい。各チームに1人ずつ指導者が入り、パスがつながるようサポートする。ほかに、審判役の指導者を1人立てる。

風船バレーのルール例

- 仲間にパスする（みんなに風船を回してから相手チームに返す）
- 審判のルールには絶対に従わなければならない
- 5分間で多く得点できたほうが勝ち
  →子どもたちの運動の技能や行動コントロールなどの状態に応じてルールを工夫していく。

「あったか・チクチク」ルール

- 「あったかことば」を使う
- 「チクチクことば」を使ったら、相手チームに１点入る

【指導のポイント】

実際にゲームが始まると、思わず「チクチクことば」を発してしまう場合がある。審判（指導者）は、最初から相手チームに加点するのではなく、「今のはチクチクことばだよ、気をつけてね」と忠告し、気づいて途中で言うのをやめたら「チクチクことばをやめられたね」と肯定的に評価する。

振り返り（フィードバック）

ゲーム終了後に、指導者が、「あったかことば」を上手に使えた子や、「チクチクことば」を言いかけたけどすぐにやめられた子などを発表する。このとき、すべての子がほめられるよう配慮する。

関連するスキル

- スキル５「ルールを守る」
- スキル７「負けても怒らない」
- スキル19「協力する」

定着化・般化のポイント

子どもどうしで注意をさせない

子どもが仲間を注意をする態度（相手を押す、たたくなど）・ことば（「やめろ」「バカ」「どけ」など）

↓

ネガティブ（否定的）になりがち

↓

注意するのは先生

をルールにする

お友だちを注意しません
イエロ
関係ないものだしてる！

ネガティブ（マイナス）にかかわらない

通常の学級などで、指導者の指導が入らなくても、子どもどうしがお互いに声を掛け合いプラスの方向に向かうような自浄作用をもっている集団はひとつの理想型といえます。

しかし、一方で、自分の行動は棚に上げて、「ちゃんとしろよ！」と人を注意したがる子がいて、その注意する行動が火種となり、トラブルが勃発《ぼっぱつ》するといったケースもあります。注意するときの言い方が乱暴だったり、攻撃的だったりするために、問題が起こってしまうのです。

注意するのは先生

まず、学級などで、「注意するのは先生」「子どもどうしで注意はしない」といった約束事を決めます。そして、約束が守れない子には、「イエローカード」（忠告カード）を提示し、注意してはいけないことに気づかせます。その子が気づき、注意をやめたら、「よくやめられたね！」と評価します。人に対して肯定的にかかわれるようにするためには、まず、ネガティブなかかわり方（人を注意したり、批判したり、責めたりなど）をしないようにすることを定着させることが大切です。

手本となる子を評価する

指導者の指示に従えない子どもに対して、「やめなさい」と注意するのではなく、むしろ、指示に従えている子を肯定的に評価し、モデリング学習（手本を見せて学ばせること）をさせることが有効な場合も少なくありません。わざと暴言を吐いたり、刺激的なことばを使って、周囲の関心を引こうとしている場合もありますので、そうした子に対しては、指導者はあえて反応せず、適切な行動がとれたときだけ評価するのです。

マイナスのかかわりをする子に対して、指導者もマイナスにかかわってしまうと、負のスパイラルが起き、子どもの問題も増長してしまいます。指導者も肯定的にかかわることが重要です。

スキル
18
仲間意識、所属感を高める

適切な仲間関係を築くことは、精神的な成長に重要な役割を果たします。集団に肯定的にかかわっていけるよう、仲間意識をもたせたり、居場所をつくってあげたりといった支援が求められます。

困難の背景

他人への意識の低さ、相互やりとりの弱さがある

社会的コミュニケーションに弱さがあり、他人への意識・親和性が乏しい。人とのかかわりを避けたがる特性があり、仲間意識をもちにくい

対人不安、集団参加への不安がある

人とかかわることへの不安（自分を受け入れてもらえるだろうか）、集団参加への不安（うまくとけ込めるだろうか）などがあり、進んで仲間関係をつくりづらい

集団参加にストレスや不安がある

自閉症スペクトラム障害のある子の場合、人間関係の築き方に不器用さがみられることが多いうえ、友だちづきあいや集団参加に多くのストレスを受けやすく、仲間や集団に対して肯定的な感情をもちにくい傾向があります。

また、ADHDやLDのある子も、人間関係やコミュニケーション、集団行動における失敗経験が多く、不安感や恐怖感をもってしまい、集団になじみにくくなることがあります。幼少期からの愛着形成に問題があり、情緒不安から、安定した人間関係が築きにくいケースもあります。

年度初めやグループ指導の初期に、仲間意識や、所属感を高めることも重要な指導課題となります。

活動 1

ウォーミングアップ活動

対象	幼児	小(低)	小(中)	小(高)	中学
形態	個別	ペア	小集団		

ねらい

他者とかかわることが苦手な子や、不安がある子が、安心して集団参加できるように、学期の初めや1日の指導セッションの初めに導入していく。

ウォーミングアップ活動

本格的な活動に入る前の「導入」として、心身を少し温めるための活動。子どもたちが無理なく楽しめる活動なら、どのようなものでもウォーミングアップ活動になる。

ペア探し

ペアになるカードを裏にして床にばらまき、子どもが拾い上げたカードをもとにペアの相手を探すゲーム。相手が見つかったら、席に座り、自己紹介や握手をする。

◆ペアカードの例
- ひとつの絵を 2 分割したもの
- 動物の絵とその鳴き声

インパルス

みんなで輪になり、その中のリーダーから隣の人にことばや動作を伝えて、時計回りなどで 1 周させる。

◆伝えることばや動作の例
- 「こんにちは」とあいさつする
- 手を 2 回たたく
- 隣の人にピースする

※注）慣れてきたら、隣の人の手を軽くぎゅっと握る、手をつないだままフラフープを通して 1 周するなど、心理的負荷の高い動作や難しい動作にチャレンジしてみるとよい。

【指導のポイント】

ウォーミングアップ活動は、心理的負荷の小さい活動から始める。自分のことを発表したり、他者から長時間注目されたり、身体接触があるようなものは心理的負荷が高いため、最初は避ける。子どものようすを見ながら、徐々に負荷の高い活動を取り入れるようにする。

関連するスキル

■スキル 6「人と合わせる」

活動2／活動3

共通点で集まれ！／パチパチ感知器

対象	幼児	小(低)	**小(中)**	**小(高)**	**中学**
形態	個別	**ペア**	**小集団**		

ねらい
自分との共通点を相手に見つけたり、相手の意図や表情を読み取ったりするゲームを通して、人とかかわること、一体感を味わうことを経験し、仲間意識や帰属意識を養う。

共通点で集まれ！

テーマ（質問）を決め、その回答となる選択肢を3〜4つ（人数に応じて）用意し、紙に書いて、教室のところどころに貼る。子どもに質問を示し、だれとも話し合わずに、1人の判断で答えを選ばせ、自分が選んだ回答の紙が貼ってある場所に移動させる。同じ答えを選んだ子たちと、選んだ理由などを話し合わせる。

テーマの例

好きな色（赤・青・黄・緑）、好きな動物、好きな食べ物、好きな遊び、週末に行きたいところなど。慣れてきたら、嫌いなこと、苦手なことにしてもよい。人数が少ない場合は、2者選択にする。

パチパチ感知器

感知器役に、仲間が拍手と顔の表情のみで、やるべきことを伝え、感知器役が指示どおりの動作をするよう導く。

ゲームのやり方

❶感知器役をひとり決め、感知器役は廊下に出て待つ
❷感知器役にやらせることをほかの子どもに伝える
例：黒板を消す、カーテンを閉めるなど
❸感知器役を教室に呼び入れ、ほかの子どもがやるべきことを声を出さずに指示する。感知器役はことばの指示を聞くことができないので、自分から教室内を動き回り、みんなの表情をうかがいながら、指示内容を推測する。感知器役が対象物（黒板やカーテンなど）に近づいたら、みんなで拍手をしたりニコニコ笑う（「合ってるよ」の意味）。間違った場所に移動したり、違った動作をしたら、拍手をやめたり、渋い顔をする
❹感知器役が指示どおりの動作をできたらOK。感知器役にうまく意図が伝えられたとき、達成感・一体感を味わうことができる

関連するスキル

■スキル19「協力する」 ■スキル21「空気を読む」
■スキル22「ことばでのやりとり」

定着化・般化のポイント

子どもが安心して過ごせる環境づくりを

指導者どうしのコミュニケーションがよくとれている
この漢字読める？
指導者と子どもの一対一の関係が築かれている
ぼくも電車好きなんだ
共通の興味をもつ友だちや気の合う仲間がいる

帰《き》属《ぞく》意識や仲間意識が生まれやすい

指導者と子どもの関係を築く

グループやクラスのなかで所属感や仲間意識を養っていくためには、まず、指導者（教師）と子どもの一対一の関係を築くことが重要です。指導者は子どもにおだやかに接するよう努め、子どもが安心感をもてる関係をつくっておくことがベースになります。さらに、指導者が子どもとかかわるとき、指示や指導が子どもにとってわかりやすい、明確なものとなるよう配慮します。指導者どうしの関係性も大切です。指導者の他者に対する接し方や態度は、子どもの手本となるため、指導者自身の日常的なふるまいにも配慮が必要であることを踏まえなければなりません。

そのうえで、興味や関心が共通する仲間、理解のペースやレベルが同じ仲間と、対等にかかわれ、楽しく活動できる経験を積むことで、しだいに帰属意識や所属感が生まれてきます。

対等な人間関係を経験させる

社会性やコミュニケーション能力、知的能力に困難がある子の場合、通常の学級では、ほかの子どもと対等で相互的な人間関係を築けないことが少なくありません。こうした場合、無理に障害のない子の集団のなかで人間関係を築かせるのではなく、障害のある子が在籍する学級などで、対等な人間関係を経験させるほうが望ましいといえます。集団のなかにおける子どものようすをよく観察し、その子にとって、より適した環境はどこであるかを見極めることも大切になります。

また、家庭に自分の居場所があり、家族と良好な関係を築けている子は、学校やグループ指導の人間関係でも適応能力が高い傾向がみられます。人間関係の基礎は、家族関係にあると考えられます。子どもにとって、家庭が「安らぎの場」となること、家庭でのお手伝いなどを通して所属感をもつことが、外の世界で他者と安心してかかわっていくうえでの基礎になります。

スキル
19

協力する

協力した経験が少ないために、「協力する」ことがどういうことか理解できていない子どもも少なくありません。役割を与え、何をすべきかを具体的に指示して、理解を促すことも必要です。

困難の背景

「人と合わせるスキル」が身についていない

「協力するスキル」は「人に合わせるスキル」をベースにした、より高度なスキル。「人に合わせるスキル」が獲得されていないと「協力する」ことは難しい

「協力する」という意味がわからない

人と協力して何かを成し遂げたという経験に乏しく、「協力する」ことの意味を理解していない。具体的な経験を積む必要がある

「協力する」ことが理解できない

状況判断の弱さがあり、友だちの動きに合わせたり、役割を変化させたりすることが苦手な子がいます。たとえば、掃除などで、自分がどの仕事を担ったらいいのかわからないために、言動が乱暴になったり、いなくなってしまったりする子もいます。「協力する」経験が少ないため、協力することの意味が理解できていないのです。

学校では、班活動、係活動、掃除、理科の実験などで、人と協力する場面が多々あります。こうした場面を活用し、「協力する」とはどういうことかを理解できるようにする必要があります。具体的な役割や指示を与え、それをやることが「協力」につながることを、体験を通して指導します。

活動 1

オリエンテーリング

対象	幼児 / 小(低) / 小(中) / 小(高) / 中学
形態	個別 / ペア / 小集団

ねらい チームで一緒に行動し、協力し合う活動を通して、人との合わせ方、役割の担い方などを学ぶ。

オリエンテーリング

チームで協力して、施設の中に隠された問題カードを探し、カードに書かれた問題を力を合わせて解いていく。問題をクリアできたら、暗号の文字をゲットできる。最後に、すべての暗号文字を並べ替え、ことばを作り上げたらゴールとなる。

用意するもの

- 問題カードと暗号の文字（事前に施設のあちこちに隠しておく）
- ワークシートと鉛筆（各チームに 1 つずつ）

活動のやり方

1. 相談して探すところを決める
2. 一緒に問題カードを探す
3. チーム全員で問題文を読む
4. みんなで力を合わせて問題を解く
5. 指導者に OK をもらえたら、暗号カードの文字をワークシートに記入する

ルール

- 必ず全員一緒に回る
- 問題は全員で声をそろえて読む
- ワークシートと鉛筆は順番に持つ
- あったかことば（111 ページ参照）で活動する（ケンカはダメ）

問題カードの例

- 「た」のつくことばを 7 つ書く
- 自分の誕生日を言う
- マットを運ぶ　など

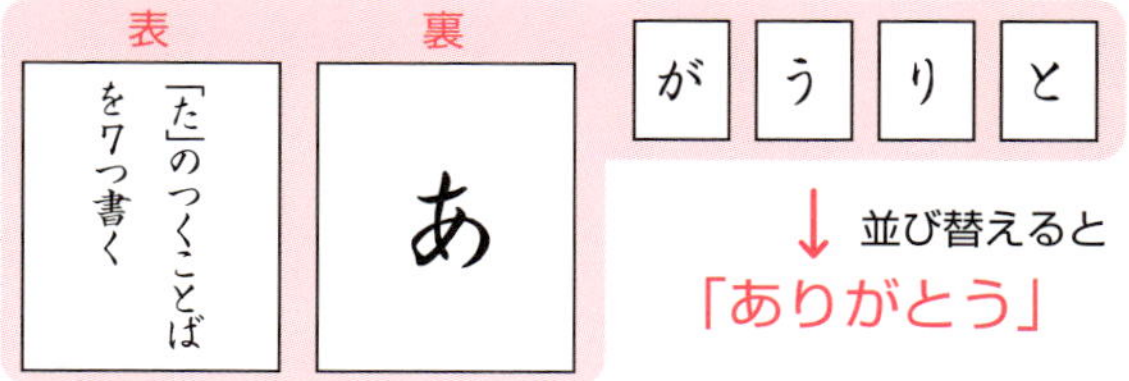

表：「た」のつくことばを7つ書く
裏：あ

が　う　り　と

↓ 並び替えると

「ありがとう」

【指導のポイント】

- チームで一体となって行動するため、個人の自由にならない部分が大きく、がまんしなければならない場面が多い。また、鉛筆はチームに 1 本しかないので、順番に書く、貸し借りをするといった場面も出てくる。そうした「協力」のしかたを受け入れ､実践できるよう指導していく。
- チームに 1 人指導者がつくが、相互のかかわりや協力が著しく難しい子どもがいる場合には、指導者もチームの一員になってリードしていく。

関連するスキル

- スキル 6「人と合わせる」
- スキル 13「報告・連絡・相談」
- スキル 15「上手に話し合う」

活動 2

協力ジェスチャーゲーム

対象	幼児	**小(低)**	**小(中)**	**小(高)**	**中学**
形態	個別	**ペア**	**小集団**		

ねらい 話し合いのスキル、人と合わせるスキル、肯定的にかかわるスキルなどを踏まえたうえで、協力することが実践できるようにする。

協力ジェスチャーゲーム

２人１組のグループに分かれ、グループごとに前に出てジェスチャーをする。ほかのグループの子はそれを見て、何をしている場面かを当てるゲーム。

ゲームのやり方

◆事前練習

1. 各グループにジェスチャーの「お題」を5個ずつ渡す
2. グループごとに分かれて、ジェスチャーの練習をする。各グループに指導者が1人ずつつき、指導する

◆ゲーム本番

1. 順番に、前に出てジェスチャーをやる。だれかが答えを当てたら次のグループに交代
2. 決められた時間内（5分間など）に、全体で何個正答できるか、記録に挑戦する。あるいは、何分間で全問正答できるかの記録に挑戦する

お題の例

お題のテーマは、セッションごとに統一しておく。「スポーツ」「仕事」「野菜」など。「スポーツ」なら、野球、サッカー、ドッジボール、マラソンなど。

事前練習

こんな構えでどうかな？
野球
じゃあ、ぼくがピッチャーやるよ

【指導のポイント】

- グループに分かれる前に、提案のしかた、相手の意見の聞き方、応答のしかた、話し合いのしかた、人との動きの合わせ方などの下位スキルを確認し、意識させるようにする。
- 事前練習をするときが、ソーシャルスキルを指導する機会になる。指導者はこまめに協力することについて教示やフィードバックをしていき、子どもに実践させる。

関連するスキル

■スキル６「人と合わせる」　■スキル 15「上手に話し合う」
■スキル 17「肯定的にかかわる」

定着化・般化のポイント

「協力」の具体的な形を示す

「協力してやりなさい」という指示だけではわからない子もいる

具体的なやり方を指示するとよい

いろいろな協力のしかたを学ぶ

活動などを行う前に、「協力する」ということはどういうことか、ロールプレイなどを行いながら学びます。また、活動のあとの振り返りで、子どもたちが実際に行った言動を取り上げ、評価することも大切です。

たとえば、「活動1オリエンテーリング」では、「書く順番を決めるときは、どの言い方がいいかな」と子どもに問いかけ、「オレが絶対一番！」「だれか一番やりたい人？」「ぼく、一番やってもいい？」などの答え方を示し、どの言い方がよいのか確認してもよいでしょう。

また、活動後の振り返りでは、「○チームは、『せーの』と掛け声を掛けて、声を合わせるようにしていて、よかったね」「書く順番を交代でできていたね」などの評価をします。

活動を通して、一緒に行動する、声を合わせる、声を掛ける、相談する、譲る、認める、順番にやるなど、いろいろな「協力のしかた」があることを理解させることが大切です。

日常的に「協力する」

ソーシャルスキル指導の場だけでなく、日常的に仲間と協力することを実践していくことがスキルの定着につながります。学校では、掃除や給食の配膳、体育用具の準備や片づけなど、さまざまな「協力」の機会があります。

そのときに、「協力してやりなさい」と言うだけでなく、「あなたはちりとりを持ってきて、○○さんがほうきではいたゴミを入れてね」「運動マットを2人で持ってね。同じ速さで歩いて運んでね」など、具体的な協力のしかた、協力のポイントを指示します。うまくできている友だちを参考にするよう促したり、指導者自身がモデリングを行うことも必要です。

また、家庭でのお手伝いなどを通して、協力することの大切さや得られる達成感を実感できるよう、保護者と連携していくことも重要です。

スキル 20

仲間で計画・立案・実行する

さまざまなスキルを活用する総合的スキルです。臨機応変な対応が必要となることが多く、状況理解が困難なケースではつまずきやすいといえます。少人数の場で経験を積んでいくことが有効です。

困難の背景

「計画・立案・実行」は総合的なスキル

《「計画・立案・実行」に必要なスキル》

- 「上手に切り替える（行動）」〔68 ページ参照〕
- 「上手に話し合う」〔98 ページ参照〕
- 「ことばでのやりとり」〔130 ページ参照〕
- 「人と合わせる」〔60 ページ参照〕
- 「協力する」〔118 ページ参照〕

「仲間で計画・立案・実行する」には、さまざまな力（スキル）が必要

さまざまなスキルが必要

仲間と計画を立てたり、立案したり、決まったことを一緒に実行したりするためには、確認・合意、依頼、断り、承諾《しょうだく》、譲り合い、感謝などのさまざまなスキルが必要になります。

こだわりが強く、自分のやりたいことや、やり方に固執《こしつ》する子、衝動性が高く、自分の意見が通らないと怒り出してしまう子などは、人と一緒に意見をまとめることが難しくなります。また、言語表現が苦手で、自分の考えを言えない子は、話し合いに参加することができない場合があります。こうした子は、少人数の場で経験を積んでいくことが有効です。日常的に、班活動やお楽しみ会・遊びの計画を立てる機会をもうけていくとよいでしょう。

活動1

お楽しみ会を企画しよう

対象	幼児	**小(低)**	**小(中)**	**小(高)**	**中学**
形態	個別	**ペア**	**小集団**		

ねらい さまざまなスキルを活用して、仲間と一緒に計画・立案・実行ができるようにする。

お楽しみ会を企画しよう

学期の最後などに、グループやクラス単位で催す「お楽しみ会」を子どもたちが企画する。

計画

条件設定の例：1時間でできるもの。使える場所は教室とプレイルームのみ

◆**指導者が司会をする場合**

❶全員から意見を出させる
❷どの方法で決めるかを選択させる（多数決、話し合い、くじ引きなど）
❸決め方にみんなが納得しているかを確認し、「納得しているなら、お楽しみ会を実施します」と明言する

◆**子どもにまかせる場合**

❶最初に指導者から条件を告げる
「いまから15分間で、お楽しみ会の計画を立ててください。日時は○○、場所は△△、みんなが納得するものならOKです。先生への質問やお願いは受け付けます。では、どうぞ」
❷話し合いの記録をするための紙を渡し、司会役、記録役を決めさせて進行させる
❸指導者は子どもどうしのやりとりを見守り、必要に応じて子どもが上手に話し合いができるように促したり、肯定的に評価していったりする

立案

やることが決まったら、やる順番、係（司会、ゲームの説明、はじめのことば、プログラムの準備など）を決める。係になった人は、準備するもの、セリフを責任もって考えてくる。

実行

司会者を中心に進行する。必要に応じて指導者が援助したり、うまくやれていることをフィードバックする。

応用

進級お祝い会、6年生を送る会、校外学習、宿泊学習などのイベントを利用するとよい。

関連するスキル

■スキル15「上手に話し合う」 ■スキル19「協力する」

活動 2 ／活動 3

CM作り／オリジナル映画を作ろう

対象	幼児	小(低)	小(中)	小(高)	中学
形態	個別	ペア	小集団		

ねらい 企画を練り上げていく過程で、人の意見を聞き入れたり、自分の考えをアピールしたりしながら、まとまりのある内容に仕上げられるようにする。

CM作り

（「通級○○会社設立」という設定で、会社の会議風にやると盛り上がる）

ある「商品」について、ネーミングや使い道、アピールポイントを考え、宣伝するためのCM を作る。

活動のやり方

1. 2人組になり、宣伝できるような「商品」を考える。「アイデア・ブレーンストーミング」（101 ページ参照）などで取り上げたものを「商品」にしてもよい
2. 2人で「企画書」を作成する。ネーミング、使用方法、使い道、アピールポイントをたくさんあげ、お客さんが買いたくなるようなCM（発表方法）を考える
3. CM を作成する。みんなの前で発表したり、寸劇や紙芝居にしたり、広告を書いたりする
4. 発表後、みんなで評価し合う

企画書の例

△ 月 ▽ 日　名前（ ○ ○ ○ ○ ）

（ ペットボトルの利用法 ）の企画書作り

ネーミング	あったかまっくん
いつ使う？	冬、夏もつかえる
だれが使う？	子どもからお年よりまで
どんなときに使う？	さむいとき、湯たんぽ代わりにする
アピールポイント（すごいところ、ほかと違うところ、エコなど） 持ちはこびが楽、のどがかわいたときは 中身が飲める、リサイクルにもなる、 地球にやさしい	
絵と図	

◆商品例

● ペットボトルの湯たんぽ

ネーミング…枕にもできるから、名前は『あったかまっくん』

使い道…水を入れたら夏も使える、持ち運びも楽、のどが乾いたら中身を飲めるなど

宣伝方法…寸劇にして発表する→配役をどうするかも話し合う

オリジナル映画を作ろう

子ども主体で、オリジナル映画を作らせてもおもしろい。ペープサート、紙芝居作り、寸劇作り、映画作りなど、台本から配役、演出まで計画・立案していく。指導者は条件のみ提示し、サポート役に徹する。

関連するスキル

■スキル 11「人前で話す」　■スキル 15「上手に話し合う」

■スキル 22「ことばでのやりとり」

定着化・般化のポイント

計画・立案・実行ができる機会を増やす

調理実習の計画を立てる
何をつくる？
材料の分担は？
作業の分担は？
授業時間が余った
15分あるけど、みんなでできることないかな？
お祝いの会などを活用する
台本
クラスの出し物何にする？
だれがどの役をやる？
時間割
いつ練習する？

学期に一度は計画立案の場を

子どもどうしで、計画・立案する機会を設け、子どもが実際にやってみたら楽しかったと実感させることが大切です。できれば、学期に一度は、子どもにそうした機会をもたせてあげるようにしましょう。

きちんとした形の活動にこだわらなくても、たとえば、授業時間が少し余ったときなどに行うのもよいでしょう。

「進級お祝い会」「6年生を送る会」、校外学習、宿泊学習などの大きな行事の機会を活用してもよいですが、イベントにこだわらず、子どもどうしの遊びの計画など、気軽に取り組めるものでかまいません。

計画・立案・実行の活動をひととおり行ったら、「楽しかった」というだけで終わらせるのではなく、必ず、活動を振り返り、評価・反省を行うこと（フィードバック）が大切です。

具体的な手順や方法を示す

話し合いに慣れていない子どもの場合、発言のしかたや人の意見の聞き方も、どうしたらよいのかわからないことがあります。そのような子には、提案のしかた、みんなと違う意見を出すときの方法、話し合いに加わる方法などを具体的に指導する必要があります。

たとえば、提案なら「○○がいい」という言い方ではなく、「○○でいいかな？」とみんなに問います。また、異なる意見を出すときは、「それやだ、つまんない」ではなく、「それもいいね。でも、○○もいいんじゃない？」など、相手の意見を否定しない言い方が求められます。自分が発言したいときは、前に話した人のことばを受けて、「それに関連して言いたいけど」とか、「次、言うね」など、いきなり話し出すのではなく、前置きをすることが大切です。

特に、在籍学級では、先生が個別に話し合いの手順を示したり、役割を与えるなどして、話し合いに参加できるよう支援することが求められます。

スキル 21

空気を読む

空気を読むことができないのは、「心の理論」の障害だと考えられます。相手の表情や態度からその気持ちを察する力をつけさせるのと同時に、失敗したときに不用意にしからないことも大切です。

困難の背景

相手の心情を察するのが苦手

「心の理論」や「ジョイントアテンション」に弱さがあり、相手の心情をくみ取れない（自閉症スペクトラム障害にみられやすい）

的確な状況判断ができない

不注意や衝動性があったり、知的理解力に弱さがあったりすると、周りの状況をじっくり見定めることができないため、その場にそぐわない不適応行動をとってしまう

相手の視点に立てない

自閉症スペクトラム障害のある子の場合、相手の視点に立ったり、相手の気持ちを理解したりすることが苦手です。それは、「心の理論」（他者の意図や考えを読み取る能力）やジョイントアテンション（他者と注意を共有する能力）に障害があるからだと考えられます。

また、衝動性や不注意が顕著な子の場合、状況を見てじっくり判断したり、相手のことを察したりすることが難しいことが少なくありません。さらに、知的理解力や思考推論の弱さがあるケースでは、社会的状況や他者のようすに理解が及ばないことがあります。

こうした困難をもつ子どもは、場の空気を読むことが難しいといえます。

指導1

社会的参照を促す

対象	幼児	小(低)	小(中)	小(高)	中学
形態	個別	ペア	小集団		

ねらい 社会的参照（相手の表情や態度、言動に注目すること）ができるよう指導し、他者のようすを察する構えができるようにする。

社会的参照を促す

「空気を読む」には、まず、周りの状況や他者の表情、態度、言動に注目しなければならない。自発的に社会的参照ができない子に対しては、相手の表情や態度、周りの状況がどうなっているのか、目や耳を向けるよう促し、他者を参照する姿勢をつけさせる。

社会的参照の促し方・例

- 1人だけしゃべっている子に
  → 「みんなは静かにしているよ」
- 相手のようすに気づけない子に
  → 「見てごらん、○○君いやな顔しているよ」
- ほかの子を待たせてのんびり行動している子に
  → 「みんな待っているよ」
- 前もって言われていたことを忘れてしまっている子に
  → 「△△君はやめてって言っていたよね」

【指導のポイント】

不安感が強い子、周囲の評価を過剰に気にする子、周りとうまくやりたいという気持ちが希薄な子などは、社会的参照を促してもうまくいかなかったり、逆に、対人不安を高めてしまう場合さえある。この指導の前に、集団参加や人とかかわることの楽しさを覚えたり、安心感を高めたりできるようにすることが求められる。（スキル18「仲間意識、所属感を高める」114ページ参照）

関連するスキル

■スキル5「ルールを守る」　■スキル6「人と合わせる」

活動１

ダウトを探せ！

対象	幼児	小(低)	小(中)	小(高)	中学
形態	個別	ペア	小集団		

ねらい 寸劇を見て、「空気が読めていない」箇所を見つけ、社会的に不適切なマナー違反は何か、状況に適応した態度はどうあるべきかを理解できるようにする。

ダウトを探せ！

社会的に不適切なマナー違反（空気を読まない言動）が含まれた寸劇を見て、どこが「ダウト」かを当てるクイズ。

ゲームのやり方

❶指導者１人を含む、2、３人程度のグループを複数つくる
❷各グループに、マナー違反（空気が読めない）場面の入ったシナリオを配布する
❸グループごとに、寸劇の練習をする
❹１グループが前に出て寸劇を披露する。あとの人は寸劇を見て、社会的に不適切な（空気が読めていない）箇所を探し、解答用紙に記載する
❺全員が解答できるまで、寸劇は何回か繰り返す
❻最後に答え合わせをし、不適切な場面を強調した寸劇を再び見せ、指導者が解説を加える

どこが「ダウト」かな？

シナリオのテーマ

年齢に応じたテーマを用意する。

「授業中、1人だけ机をたたいて大きな音を出している」

「先生が怒っているのに、冗談を言って笑っている」

「計算しているときに、みんなは静かにしているが、大声でぶつぶつ独り言を言いながらしている」

ダウトの答え（シナリオ）
みんなだまってテストを受けているのに、1人だけ大きな声を上げて、まわりにめいわくをかけている。

【指導のポイント】

- 1回の活動につき、クイズ（シナリオ）は4～5個が適当。
- 準備などの段階で、子どものみでの取り組みが難しいと判断したときは、指導者だけで寸劇を行ったものをビデオテープに録画し、それを見せてクイズにしていく。

関連するスキル

■スキル５「ルールを守る」　■スキル６「人と合わせる」
■スキル 23「かくれたルールを理解する」

定着化・般化のポイント

コミック会話を用いた指導法

棒人間と吹き出しを使って、問題や失敗が生じた場面を振り返り、場面に適応した言動はどうあるべきかを考えさせる指導法。相手の気持ちを察することができず、不適切な言動をとってしまいがちな子どもに対し、相手がどう思うか、では、次からはどのような言動をとればよいのかを考えさせ、指導する

【例：「うざい」と言ったら、相手はどう思うか】

子どもがつまずいた実際の場面を指導者と一緒に考える

参考：キャロル・グレイ 著／門眞一郎 訳
『コミック会話　自閉症など発達障害のある子どものためのコミュニケーション支援法』（明石書店）をもとに作成

発達段階に応じた指導を

「空気を読む」力は、年齢が上がり、自分をとりまく社会状況が複雑になればなるほど、求められる能力です。しかも、複雑になる分、「空気を読む」ことも難しくなります。

幼児までは、シンプルな状況把握で済みます。小学生になれば、授業中は比較的ルールがわかりやすいのですが、休み時間や自由時間はあいまいなルールが多かったり、友だちの気持ちや状況にも気配りが必要になってきます。高学年ごろからは、人とのコミュニケーションにおいても、ことばだけではなく、態度や表情からメッセージを読み取らなくてはならない状況が増えてきます。

子どもの発達段階に応じて、どの程度の理解が必要なのかを見極め、ソーシャルスキル指導していくことが大切です。

理解できなくても不用意に責めない

一方で、自閉症スペクトラム障害の傾向が顕著で、社会性の障害が強い子どもの場合や、知的理解力に弱さがある子どもの場合、「空気を読む」ことには、ある程度限界があることも念頭に入れなければなりません。

こうしたケースでは、通常の学級で望まれるような「空気を読み取る力」を育成するよりも、そうした力が十分なくても、受け入れてもらえる集団や生活の場を用意してあげる必要があります。子どもの特性を踏まえたうえで、環境調整により、子どもにとって安心できる居場所を確保するというアプローチのしかたも必要であることをおさえておかなければなりません。

また、子どもが「空気を読めない」からといって、不用意に責めたりすることは避けるべきです。在籍学級や家庭でも、先生や親が「社会的参照」を促したり、社会的場面の交通整理を行ったりして、子どもとかかわっていくことが社会性の成長には重要です。

スキル 22

ことばでのやりとり

発達障害の子どもの多くが、幼少期からつまずくところです。一方的に話す子、自分から発信できない子、やりとりが続かない子などには、積極的な指導が求められます。

困難の背景

言語能力に弱さがある

ことばの意味の理解や使い方（ことばでの表現のしかた）に未熟さがあり、人の話している内容が十分理解できなかったり、自分の考えをことばでどう表現していいかわからない

衝動性が高く、行動コントロールが利かない

衝動性が高く、思いついたことをすぐに話さずにはいられなくなったり、多弁なために、話し出したら止まらなくなったりする

他者との相互的なやりとりにつまずく

相手の問いかけに応答したり、話題に沿った話をしたりといったことが苦手で、自分の関心事だけを一方的に話したりする

言語能力と社会性が必要

ことばでのやりとりは、幼少期の人間関係にはあまり重要ではないかもしれません。しかし、9～10歳を過ぎる辺りから、友だちとおしゃべりをしたり、相手の話を聞いたり、問いかけに返答したりといった相互的なことばのやりとりが重要になってきます。

言語能力の弱さがあったり、相手の気持ちや関心を推し量れなかったり、自分の関心事だけを一方的に話してしまったりといった特性をもつ子では、ことばのやりとりが成立しにくいといえます。ことばでのやりとりには、ことばを理解する、ことばで表現するといった言語能力に加え、相手の話を受けとったり、応じたりといった社会性が必要になります。

活動1

箱の中身は何じゃらほい？

対象	幼児	小(低)	小(中)	小(高)	中学
形態	個別	ペア	小集団		

ねらい 相手の答えを予測して質問を考え、それをことばに表す活動を通して、ことばのやりとりのしかたの基本を学ぶ。

箱の中身は何じゃらほい？

プレイヤーがヒントマンに質問をしながらヒントをもらい、箱の中に隠してある「問題」を当てるゲーム。

ゲームのやり方

① プレイヤー（箱の中身を当てる役・1人）とヒントマン（ヒントを与える役・1人以上）に分かれる
② 指導者は「問題カード」（答えをイラストで描いてある）をヒントマンだけに見せてから箱の中に入れる
③ プレイヤーは、ヒントマンにいろいろな質問ができるが、ヒントマンは「そうです」か「違います」のどちらかでしか答えられない。ヒントマンは、全員で声をそろえて言う（「せーの、そうです」のように）
　※注）ヒントに結びつくような質問を考えやすくするために、「ヒント一覧表」（仲間、色、形、使い方など）を用意しておく。
④ プレイヤーは答えがわかったら、「整いました！」と声を掛けてから答える

【指導のポイント】

- ゲームの流れや質問のしかたがわからない子がいる場合は、流れをイラストにして示したり、最初は指導者がやってみせ、モデリングで示す（言い方の見本・手本などを提示するとよい）。
- ヒントマンが答えにくい質問（「そうです」とも「違います」とも言えないような）が出たときは、プレイヤーに「答えが何だと推測して質問したの？」と、逆に問いかけてみる。

関連するスキル

■スキル３「聞く」　■スキル 11「人前で話す」
■スキル 16「会話」

活動2／活動3

協力カードならべ／協力間違い探し

対象	幼児	小(低)	小(中)	小(高)	中学
形態	個別	ペア	小集団		

ねらい 絵の内容を口頭で相手に伝える活動を通し、わかりやすい伝え方、伝わりにくいときの気持ちのコントロールなどを学習する。

協力カードならべ …別冊14ページ参照

2～4人で行う活動。正しい並び順に組み合わせるとつながった絵になる何枚かのカードを、バラバラにして子どもに手渡す。子どもは手持ちのカードの絵をほかの子には見せずに、口頭だけで説明し、また、ほかの子の説明を聞いて、カードの正しい並び順を予想するゲーム。

カードの例

たとえば、3人の子どもに、下記のような組み合わせで2枚ずつカードを配る。

1組め　2組め　3組め

ゲームのルール

- 手持ちのカードはほかの子どもには見せない
- 自分の持っているカードを説明する
- 相手のカードの説明をよく聞く

【指導のポイント】

- カードの絵をどのように説明したら、みんなに理解してもらえるかがポイント。事前に、話型などで具体的な伝え方を教え、簡単な練習問題をやっておくとよい。
- うまく伝わらないとき、イライラしてしまうことを事前に説明しておき、そのような事態になっても、怒らないで「ていねいに伝える」「聞く」ができるように促す。

協力間違い探し …別冊15ページ参照

2枚の、ほぼ同じイラスト（違っている部分が5箇所程度ある）を2人に1枚ずつ渡し、自分の手持ちのイラストを相手に見せずに、ことばのやりとりだけで、5箇所の間違いを見つける。

関連するスキル

■スキル3「聞く」 ■スキル6「人と合わせる」
■スキル9「上手に切り替える（気持ち）」 ■スキル19「協力する」

定着化・般化のポイント

会話のマナーや使えるフレーズを教える

- 人の話は最後まで聞く（途中で割り込まない）
- 話してもいいかどうか確認する（いきなり話し出さない）

- 話題を変えたいときは相手に聞いてから（勝手に話題を変えない）

子どもの関心に気持ちを寄せる

ことばでのやりとりに関するスキルを身につけさせるためには、先生や家族との日ごろのやりとりの積み重ねが重要になります。興味や関心に偏《かたよ》りがあり、自分の言いたいことを一方的に話してしまう子に、人とかかわりたい、人に伝えたい、人に聞いてほしいという気持ちをもたせることがとても大事なことです。

家族や先生には、その子の興味や思考の世界を受け入れてあげる姿勢や、その世界に入り込んでいく姿勢が必要で、そのことが、こうした子どもとの関係づくりの基盤になります。

周囲の大人は、基本的には、子どもに対し、受容的な態度をとります。そのうえで、最低限のマナーとして、「お話中すみません」「話は変わりますけど」というように、相手の了承を得るためのフレーズ（話型）を教えてあげるとよいでしょう。

子どもに話しかけられたとき、大人は、「ちょっと待って」「あとにしてね」といった対応をしがちですが、「いまは大事なお話をしているから無理だよ」とか、「続きはお風呂のときに聞かせてね」のように、なぜいま話が聞けないのか、いつなら聞けるのかを提示することが大切です。こうしたやりとりのなかで、こちらからの質問にも少しは答えられるよう方向づけます。

共通項のある友だちとのやりとり

大人とのことばのやりとりがある程度成立するようになったら、次の課題は、友だちとの相互のやりとりです。共通の趣味があったり、相手の世界に踏み込むことに抵抗がないような友だちを見つけられるとよいでしょう。

大人の目から見ると、互いの知識を自慢し合っているようなやりとりで心配になることがありますが、本人どうしはなじんでいるものです。子どもどうしの感覚やペースを尊重してあげることも大切です。

スキル 23

かくれたルールを理解する

「暗黙のルール」を理解できない子がいます。子どもたちがつまずくルールを日常生活のなかで、ひとつひとつ明示して、繰り返し伝えていくことが大切です。

当たり前のルールがわからない

体格や体型のことを指摘すると相手に失礼にあたるといったことは、年齢とともに自然と理解できるようになるものです。しかし、発達障害のある子のなかには、こうした「暗黙《あんもく》のルール」が理解できていない子がいます。

小学校中学年くらいになると、大人もあえてルールの内容を具体的に教えなくなります。しかし、相手の気持ちを察することが苦手だったり、状況判断の弱さがあったり、知的理解力に困難があったりする子には、「わかりきったルール」でもひとつひとつ示してあげなければなりません。また、別の場面で同じルールを応用することが難しいこともあるため、場面ごとにそのつど指導することが大切です。

困難の背景

発達障害のある子どもたち
年齢を経ても「暗黙のルール」が理解できない

定型発達の子どもたち
成長とともに「暗黙のルール」がわかるようになる

たとえば…
おじさん はげてるね
体型や外見のことを面と向かって言う
悲しんでいる人の前でふざけたり笑ったりする
おもしろい ころびち! ハハハ…
おばさん 50才くらいでしょ
年長者に失礼な口のきき方をする

活動1

かくれたルールかるた

対象	幼児	小(低)	小(中)	小(高)	中学
形態	個別	ペア	小集団		

ねらい 暗黙のルールをかるたにして、「かくれたルール」について覚えたり、みんなで話し合ったりする。

かくれたルールかるた

2枚1組（読み札と取り札）で「暗黙のルール」の文章になるようなカード （かるた）を作り、かるた取りのゲームをする。

ゲームのやり方

- 指導者が上の句を読み上げる
- かるたを取った人は、読み札と取り札をもらうことができる
- 取った人が、そのつど文章を読み上げ、そのルールについて、指導者主導で話し合ったりする

かるたの作り方

かるたにする文章（ルール）の内容は、年齢に応じたものにする。子どもたちが十分に理解している簡単なルールと、子どもがつまずいているルールをバランスよく取り入れる。かるたの種類はできるだけたくさん用意するとよい。

かるたの例

- ひとりごと／人前で言ったらはずかしい
- 誘っても3回断られたら／あきらめよう
- プライバシー／他人に言ってはいけません
- 自慢話たくさんすると／まわりはうんざり
- ルール違反は／先生が注意する

【指導のポイント】

かるたの内容について意見を交換するときに、指導者が「このルールを知らないで失敗した」など、自分のエピソードを聞かせるのもよい。

応用

カードは、神経衰弱《すいじゃく》やペア探し（カードを拾ってペアになる相手を探す、115ページ参照）などに活用できる。

関連するスキル

■スキル5「ルールを守る」 ■スキル21「空気を読む」

スキル

24

動作の模倣《もほう》

ボディイメージの未熟さや模倣することの弱さがあるために、他者の動作をまねることが困難な子がいます。本人の苦手さを理解してあげ、一生懸命取り組む姿勢を評価するようにします。

困難の背景

運動能力の不器用さ、アンバランスさがある

ボディイメージの弱さ（体の部位の位置を意識しにくい）、感覚の鈍《にぶ》さ、複数の動きを同時進行することの困難さなどがあり、動きのぎこちなさ、手先の不器用さなどが目立つ

模倣すること（他者の動きや反応を取り入れること）に弱さがある

脳のミラーニューロンと呼ばれる神経系の働きが弱く、人の表情や動作を見て反応し、自分の顔や体に置き換えて模倣する機能がうまく働かない

運動の不器用さと模倣の弱さ

運動会のダンスなどで、一生懸命取り組んでいるのに、みんなと違った動きをして、浮いてしまう子がいます。体のバランス感覚やリズム感覚が弱く、視覚情報を体の動きに反映する機能がうまく働かない、空間認知が苦手などの理由があり、運動の不器用さが顕著に現れてしまうのです。

また、人の動きを模倣《もほう》する力に弱さがあるケースもあります。他人の動作を見て、それを自分の体で再現させるには、ミラーニューロンという神経の働きが関与しているといわれていますが、そこに障害がある場合も動作の模倣につまずきます。運動機能を向上させる指導も必要ですが、苦手さに配慮していくことも大切です。

活動1／活動2

まねっこ／はなはな

対象	幼児	小(低)	小(中)	小(高)	中学

形態	個別	ペア	小集団

ねらい 指導者のポーズをまねたり、体や顔の部位をイメージできるトレーニングを通して、動作の模倣がスムーズにできるようにする。

まねっこ

「まねっこ、まねっこ、はいポーズ♪」の合図で、指導者のするポーズをまねる。

レベル1：最初は、手のみのポーズをまねっこさせ、慣れてきたら足のポーズを加える

レベル2：2つ、3つのポーズを連続して見せ、「はい」の合図で模倣させる。順番どおり、正しくポーズを記憶できているかがポイント

レベル3：ゆっくりした動作をまねて動く。動くスピードを変えてみる。運動のウォーミングアップなどにも活用できる。慣れてきたら、子どもに見本のポーズや動作をやらせる

レベル4：「まねっこ伝達ゲーム」…隣の人に動作やポーズを伝えていく。正確に早く伝えられるかどうかがポイント

はなはな（ボディイメージのトレーニング）

指導者が「はな、はな……」と言いながら、両手の人差し指を鼻に当てる。「……おなか！」の合図で人差し指をおなか（体の部位）にすばやく移動させる。子どもも指導者の合図に合わせて動く。

【指導のポイント】

指導者が体の部位を言いながら、自分の同じ動きをして見せる。子どもはそれを見てまねる。うまくできるようになったら、徐々にテンポを上げていく。
さらに、指示を出す役を子どもにやらせてみてもよい。

応用（だましの動き）

口頭で言う指示（体の部位）とは異なる部位を触る。指示のほうに従うルールにするか、人差し指で触る部位をまねるルールにするか、どちらかに決める。指示のほうに従えば「聞くトレーニング」、触るほうをまねれば「見るトレーニング」になる。子どもは集中していないと、混乱してしまう。

だましの動き

関連するスキル

■スキル2「見る」　■スキル3「聞く」　■スキル6「人と合わせる」

活動3／活動4

まねっこいろいろ歩き／震源地ゲーム

対象	幼児	小(低)	小(中)	小(高)	中学
形態	個別	ペア	小集団		

ねらい 指導者や仲間の動きを見て、まねる経験を通して、手本をしっかり見ること、手本の動きを理解すること、さらにそれを自分の体で再現する力をつける。

まねっこいろいろ歩き

指導者を先頭にして歩き、後続の子どもたちは、指導者の歩き方や動きをまねながらついていく。校庭でも、教室のなかでもできる。校庭なら、鉄棒の下をくぐったり、のぼり棒の間をジグザグに通ったりなど、複雑なコースをとるとおもしろい。

歩き方のバリエーション

小《こ》股《また》歩き、大股歩き、ペンギン歩き、ちょこちょこ歩き、忍者歩き、手たたき歩き、後ろ歩き、スキップ、サイドステップ、ギャロップなど。

動きのバリエーション（動物や昆虫の動きをまねる）

カニ（歩き）、クモ（歩き）、アザラシ、ワニ、アヒル、ゾウなど。

そのほかのバリエーション

手をつないで歩く、手をつないでスキップするなど。

震源地ゲーム

オニを1人決め、オニ以外の子のなかから、オニにわからないようにリーダーを決める。オニ以外の子は、リーダーの動きを見ながらまねて、同じ動きをする。オニはみんなの動きや視線を観察し、だれがリーダーかを当てるゲーム。

動き方のコツ

オニに気づかれないようにするためには、リーダーの動きを凝視しないこと。ときどきこっそり見ながら動作をまねる。

震源地ゲーム

関連するスキル

■スキル2「見る」　■スキル6「人と合わせる」

定着化・般化のポイント

苦手さを理解し、がんばりを認める

一生懸命
走っている人を
からかってはいけません!
あいつの走り方ヘンだよなー!

だれにでも苦手なことはあるし、努力や練習をすれば必ず成果が上がるものでもない。運動が苦手な子に対しては、その苦手さを理解してあげ、本人の努力やがんばりを認めることが大切

身体感覚を育てる工夫

ボディイメージの未熟さやバランス感覚を育てるためには、校庭などにある固定遊具（ジャングルジム、平行棒、鉄棒）や、トランポリン、ターザンロープを使った活動がすすめられます。

動作の模倣《もほう》がうまくいかない背景に、協調運動障害《きょうちょううんどうしょうがい》（運動面や手先の不器用さ）があるケースもあり、こうした子どもは、走るときの動きがぎこちなかったり、球技のときのボールの扱い方が不得手だったりする場面がみられます。また、手先の不器用さのために、工作や楽器演奏でつまずくケースも少なくありません。

不真面目でやらないわけではなく、本人は一生懸命取り組んでいることを評価し、苦手さを受け入れてあげる配慮が必要だといえます。在籍学級では、「動きがおかしい」とからかう子どもも出てきますが、「がんばっていることを認める」雰囲気をつくることが求められます。

協調運動障害への指導については、作業療法士との連携も欠かせません。

少しずつゆっくりと練習する

指導においては、運動時間の準備運動など、細かい動作をひとつひとつしっかり模倣させることが大切です。手本の動作はゆっくり示し、できているかどうか、逐一確認しながら、次の動作に進めていくとよいでしょう。

高学年への動作の模倣の指導は、遊びよりも、組み体操やヨガなどの動きやポーズを取り入れることがすすめられます。ストレッチや筋トレなどの動きも、模倣の指導に向いています。

本人の運動に対する苦手意識が強く、拒絶的な態度をとる場合もあります。運動会の集団演技などでは、目立たない端の位置に変更してあげるとか、全体が完璧にできなくても、無理な部分は別の動きに替えるなど、ハードルを下げてあげる配慮も必要です。

スキル 25

適切に気持ちを表現する

感情表現の段階には、感情語彙《ごい》の習得→感情の種類の認知→感情の程度の認知→ネガティブな感情への対処、のステップがあります。子どもにどの段階の指導が必要なのかを見極めることが重要です。

困難の背景

感情コントロールのステップ

感情をセルフコントロールするためには、自分の感情をことばで表して認識し、さらに感情の起伏を自覚し、そのうえでネガティブな感情に対処するというふうに、段階を踏む必要がある

1 感情語彙を習得する

感情を表すことばは、目に見えない抽象的な概念であり、自閉症スペクトラム障害や知的障害のある子には理解しづらい。感情を表すことばそのものを知って、さまざまな感情を区別することが第１段階となる

↓

2 感情の種類の認知

自分の体や心のなかで生じている感情を、適切なことばを当てはめて表現する段階

↓

3 感情の程度の認知

感情が高ぶると、突発的な行動をとってしまったり、ネガティブな気持ち（悲しみ、怒り、落胆など）に支配されてしまったりする。そうならないように、自分の感情の程度がどれくらいのレベルかを認知し、沸点を超える前に対処できるようにする段階

↓

4 ネガティブな感情への対処

ネガティブな感情が高まり始めたら、適切な時機に、信頼できる人に伝え、相談したり、気持ちの切り替えをはかったりするなどの対処ができるようになる段階

出典：上野一彦、岡田智 著『特別支援教育実践ソーシャルスキルマニュアル』（明治図書）より引用・改変

自分の気持ちが表現できない

言語能力や知的理解に遅れのある子の場合、ことばでの表現方法に困難がある場合があります。また、ＡＤＨＤのように衝動性のみられる子の場合、感情が高ぶり、暴言を吐いたり、暴れ出したりすることもあります。自閉症スペクトラム障害の子は、抽象的な感情の概念が理解しづらく、感情を表すことばをうまく使いこなせません。

自分の感情と上手につき合うためには、①感情語彙《ごい》の習得、②感情の種類の自己認知、③感情の程度の自己認知、④ネガティブな感情への対処という段階を踏む必要があります。子どもの状態を把握し、どの段階でつまずいているのかをとらえ、適切な段階の指導を行うことが求められます。

活動1

気持ちツリー＆マイコップ君トーク

対象	幼児	小(低)	小(中)	小(高)	中学
形態	個別	ペア	小集団		

ねらい 気持ちを表現するいろいろなことばを知り、自分の気持ちを認識し、それを適切なことばで表現し、人に伝えられるようにする。また、人の気持ちを考えてみる経験も積む。

気持ちツリー＆マイコップ君トーク

感情を表すことばを書いた「気持ちの葉」を模造紙に描いた大きな木の絵の上に貼り、みんなで「気持ちツリー」を作成する。感情のイメージが似ていることばは近い位置に貼るなど、気持ちを表すことばを弁別したり、ことばのイメージをつけたりする学習にする。また、「マイコップ君トーク」では、最近味わった気持ちと、それに関連したできごとを思い出して発表する。

気持ちツリーの作り方

❶「気持ちの葉」を作る

いろいろな色の葉っぱの形の切り抜き（色画用紙など）をたくさん用意し、子どもと指導者で感情を表すことばを出し合い、葉っぱに書き込んでいく

※注）気持ちを表すことばとして、「ゾクゾク」などの擬音語や、「頭が痛くなる感じ」などの身体感覚に関することばが出てくることがあるが、そうしたことばは指導者が感情語に言い換えて提案する。ただし、子どもの考えは否定しないこと。

❷「気持ちツリー」を作る

大きめの模造紙に大きな木の絵を描く。木の上のほうは「いい感じの気持ち」、下のほうは「いやな感じの気持ち」になるようにして、似ている気持ちのことばは近い位置に寄せて貼る（のり付けする）

※注）貼る位置を決めるときは、みんなで話し合う。感じ方が子どもによって違う場合は、指導者が折り合いがつくような位置を選び、承認を得る。貼る位置は「だいたい」「アバウト」でよいことを子どもにも強調する。

気持ちの葉

気持ちツリー

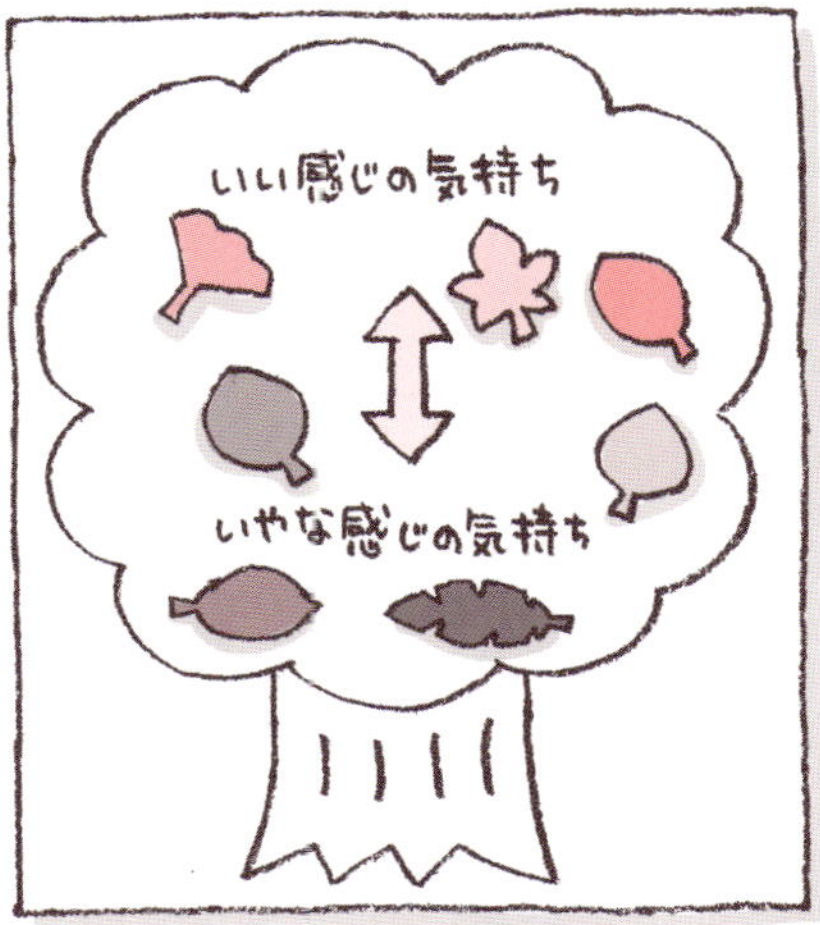

マイコップ君トーク

紙コップに自分の顔（目と口程度）を描いて「マイコップ君」を作る。最近感じたことを思い出し、「気持ちツリー」の「気持ちの葉」のなかから選んで、自分の「マイコップ君」を置く。そして、その気持ちを味わったときのできごとを順番に発表していく（マイコップ君トーク）。

【指導のポイント】

- 「マイコップ君トーク」では、指導者は子どもの発表を共感的に聞き、いろいろ質問したり、ほかの子どものコメントを引き出したりして、発表者の気持ちや体験に焦点を当てる。
- 指導者が「気持ちの葉」から気持ちを選び、その感情にかかわる体験談を子どもから引き出すのもよい。
- 子どもが気持ちを選べないときは、無理強いすることなく、パスしてもよいことにする。指導者がその子どもとのエピソードを紹介し、そのとき子どもがどんな気持ちだったかを推測して言ってもよい。子どもの捉え方と違う場合、意見交換ができる。
- 「マイコップ君トーク」を行ううえで大切なことは、子どもの感じ方や感情に焦点を当てること、そのときのできごとを共感していくこと、人によっていろいろな感じ方があるということを実感できることである。
- 子どもは自分の話を人に聞いてもらえ、気持ちを表現できることで充足感を得られる。子どもには、この感覚を強調し、人に相談したり、自分の気持ちを落ち着いて話したりすることの大切さを教示する。

マイコップ君

目と口を描き、
自分の名前を書く

「マイコップ君トーク」の応用

◆「マイコップ君クイズ」（グループで行う）

❶子どもたちに、「気持ちツリー」のなかから、最近味わった気持ちを１つずつ選ばせ、そのときのエピソードを思い出してもらう。低学年の場合は、前もって、個別に「気持ち」と「できごと」を思い出して、ワークシートに記載しておく（必要に応じ、指導者が個別に手伝っておく）

※注）思い出した「気持ち」「できごと」はほかの子どもには教えない（クイズのネタになるので）。

❷クイズを始める。だれか１人が出題者になり、「できごと」を1,2分で発表する。発表者以外の子どもは、解答者となり、「できごと」を聞いて発表者がそのとき、どのような気持ちになったかを考える。解答する前に、発表者への「質問タイム」をもうけて、いろいろ聞いてみてもよい

❸解答者が解答するときは、自分の「マイコップ君」を、推測した「気持ちの葉」の上に置く

❹最後に、発表者が答えを示すが、その方法は、やはり、自分の「マイコップ君」を「気持ちの葉」の上に置く形で行う

※注）正解者がいれば、その人の「マイコップ君」に、発表者が自分の「マイコップ君」をかぶせる。複数の正解者がいれば、いくつもの「マイコップ君」が重ねられることになる。「気持ちが重なったね～」と言って盛り上がる。

【指導のポイント】

「マイコップ君クイズ」は正答することが難しい。正答することよりも、むしろ、「人の気持ちを理解するのは意外と難しいこと」「でも、自分の気持ちを落ち着いて人に話すと充足感が得られること」「だから、人の気持ちを想像したり、人の話を聞いてあげることはとても大切であること」を強調する。

関連するスキル

■スキル９「上手に切り替える（気持ち）」 ■スキル１１「人前で話す」
■スキル22「ことばでのやりとり」

定着化・般化のポイント

表情シンボル

うれしい
たのしい
あんしん
ホッとする
おだやか
おちついている
おもしろい
かんしんする
おどろき
びっくり
ざんねん
くやしい
イライラ
おこる
びくびく
こわい
ふあん・しんぱい
きんちょう

表情シンボルと感情語をマッチ

この項目で取り上げた活動（「気持ちツリー」や「マイコップ君トーク」）は、感情や指導方法を対象者に合わせることで、幼児から思春期、大人まで、幅広く応用できる活動です。

幼児や知的理解力に弱さのある子どもに対しては、感情語彙《ごい》（感情を表すことば）をシンプルなものにして、わかりやすい具体的なエピソードをたくさん提示していったり、絵本やマンガなどを用いて登場人物の気持ちと語彙をマッチングさせていったりするとよいでしょう。

また、「表情シンボル」（上図参照）と感情語をマッチさせて、教えることも有効です。抽象的なことばである感情語彙を、具体的な場面やシチュエーションを提示するなどして、子どもがイメージしやすい形にして理解させることがポイントとなります。

気持ちカード・気持ちの温度計

自分の感情を適切に表現できるよう

気持ちの温度計

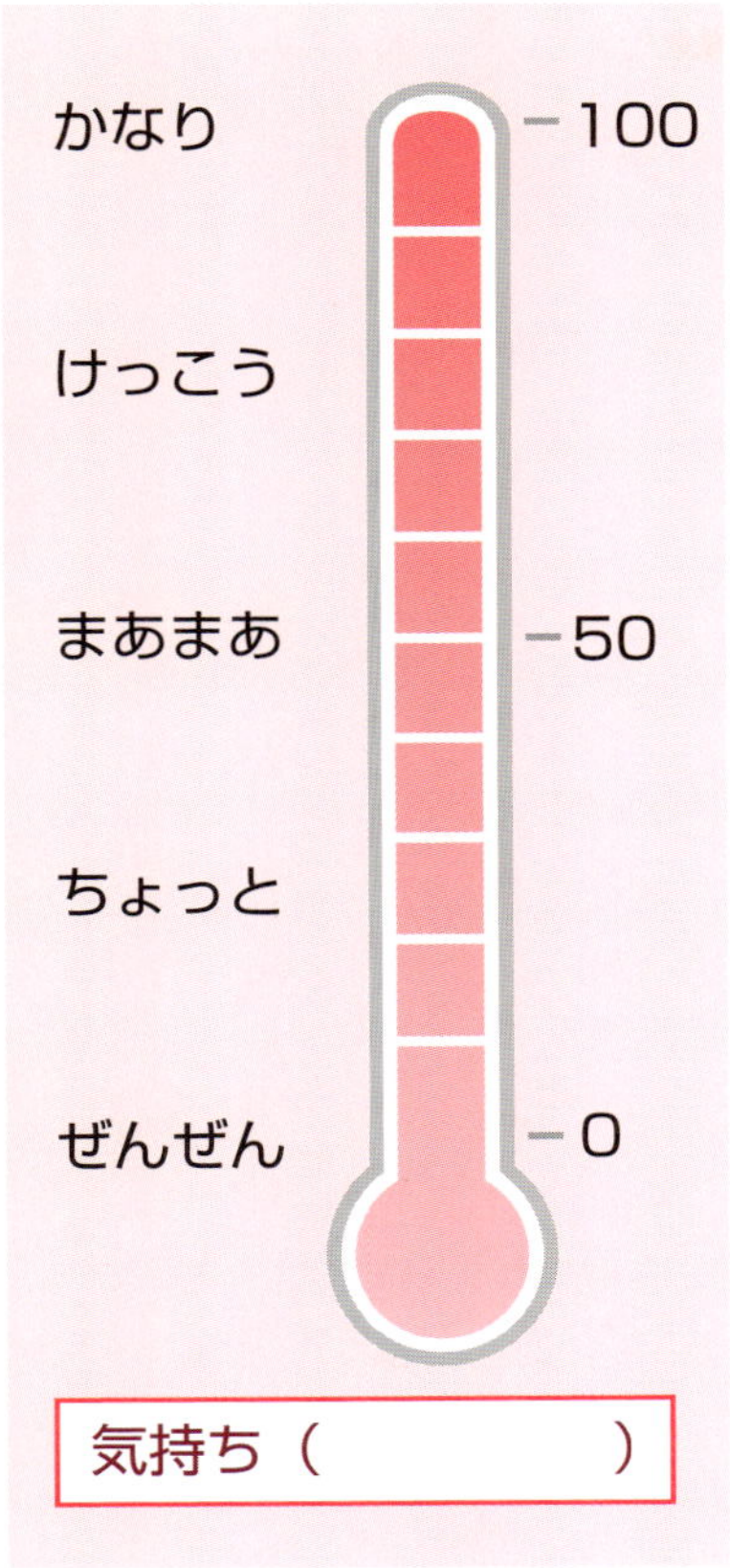
かなり
100
けっこう
まあまあ
50
ちょっと
ぜんぜん
0
気持ち（　　　　　）

気持ちカード

うれしい
たのしい
ふあん
きんちょう
ざんねん
くやしい
イライラ
おこる
そのほか
（　　　）

子どもを導くために、日常的な対応としては、まず、子どもの気持ちに共感的に接し、その気持ちを言語化していくことが基本となります。

子どもが動揺《どうよう》したり、怒りを爆発させたり、不安でいっぱいになったりしているときに、「指導」するのではなく、その気持ちを受け止めてあげ、「○○な気持ちなんだね」とことばで表現してあげるということです。大人が気持ちを察してくれ、ことばに表してくれることにより、子どもは安心し、気分が楽になります。

感情の爆発が少し落ち着いてきたら、「気持ちカード」や「気持ちの温度計」を用いて、「先生にどんな気持ちになっていたのか教えて?」「いやな気持ちはどのくらいだったの?」など、視覚的手段を用いて表現を促すこともできます。子どもは、口頭でのやりとりよりも、視覚的手段によるやりとりのほうが対応しやすいようです。

トラウマなどへの配慮を

子どもの感情を扱うときに配慮しなければならないことがあります。虐待を受けていたり、過度のいじめに遭ったりした経験のある子は、心にトラウマがあり、ネガティブな感情が引き出されると、そのときの気持ちや記憶がフラッシュバックしてしまい、再び傷ついてしまうことがあります。

また、自閉症スペクトラム障害の子は、過去の経験に強くこだわり、その経験を思い出しただけで混乱し、心が乱れてしまうことがあります。子どものトラウマやフラッシュバックなどの情緒の状態についても、事前に十分把握しておく必要があります。

スキル 26

自分の課題の自己理解

失敗が多いと、劣等感を抱き、自尊感情を損ないやすくなります。自分の課題を肯定的に受け止めて、支援を受ける必要性を自覚するとともに、得意なことも含めた自己理解ができるとよいでしょう。

自分の課題を肯定的に捉える

発達障害のある子は、集団生活になじめなかったり、人間関係でつまずきやすかったりすることから、自分の課題と向き合わざるを得ない状況がしばしば起こります。自分の課題を受け止めることは、支援の必要性を自覚することにつながり、ソーシャルスキル指導の前提となります。

一方で、苦手や失敗と向き合うことは劣等感を募らせ、自信喪失や自己否定につながるおそれもあります。こうした心理状態が続くと、ひきこもりや抑うつなどの「危機」に陥る可能性もあります。自分の課題を卑下《ひげ》することなく肯定的に受け止め、同時に、得意なことも含め、多面的に自己理解ができるよう指導することが大切です。

困難の背景

劣等感や自己否定感をもちやすい

発達障害のある子 ＝ つまずきが多い

得意なことより苦手なことのほうが多く、目立ちやすい

自信をなくし、劣等感を抱きやすい

↓

肯定的に自分の課題を受け止め、長所を自信につなげられるように！

指導1

めあてを共有する

対象	幼児	小(低)	小(中)	小(高)	中学
形態	個別	ペア	小集団		

ねらい

指導者と子どもがめあてを共有することで、自分の課題を自覚し、それを乗り越えようと意識し、グループ活動に取り組めるようにする。

めあてを共有する

子どもの実態や訴えから、グループや個人のめあてを具体的に設定していく。

めあての立て方

具体的なめあて・目標にする。

悪い例：「仲良くする」「やさしくする」「がんばる」など

よい例：「静かに話を聞く」「負けても最後まで取り組む」「チクチクことばを使わない」など

めあての提示のしかた

グループ全体のめあての場合は、黒板に掲示する。個別のめあてを設定した場合は、全員の個別目標を黒板に掲示してもよいし（他児にもめあてがわかる）、指導者とその子の間での取り決め（他児にはわからない）にしてもよい。仲間の影響やモデリング効果なども考慮して提示法を考えていく。

評価のしかた

- 具体的な基準に沿って評価する
- 年齢が低い子には、マグネットなどを使って即時フィードバックする
- 子どもが「ほめられた」「認められた」と感じるだけではなく、「めあてをがんばれてよかった」「うまくできた」という達成感や自信をつけられるような評価のしかたが望ましい

即時フィードバック

すぐにその場で評価する

チクチクことば すぐにやめられたね。えらいよ!

振り返り時間でのフィードバック

1日の終わりの「振り返り」の時間に、総括して評価する

ゲームに負けてくやしかったけど、最後までがんばれたね。シール3つあげようね
個別のめあて表
○○くんのめあて
＊しずかに話を聞く
＊くやしくてもおこらない
＊チクチクことばをがまん

関連するスキル

すべてのスキルを学ぶときの基本となる

指導2

がんばりカード

対象	幼児	小(低)	小(中)	小(高)	中学

形態	個別	ペア	小集団

ねらい 不適応行動がある子どもに対し、うまくいっている時間があることを自覚させるとともに、1日の記録を見て評価、反省し次につなげる。

がんばりカード

個別の課題について、1日を通してうまく取り組めたかどうかをカードに記入して振り返る（評価する）。目標の項目は、子どもの実態に応じて設定する。

【例】ついカッとなり、暴力・暴言が出てしまう○○くんのケース（小学校4年生）

○○くんのがんばりカードステージ1	朝休み・1時間目	2時間目	中休み	3時間目	4時間目	給食・掃除・昼休み	5時間目	6時間目・帰りの会
ストップ暴力	○	○	残念	○	○	○	○	○
ストップ暴言	○	○	残念	○	○	○	○	○
注意ですぐ直す	○	○	○	○	○	○	○	○
困ったら相談	○	○	○	○	○	○	○	○
ナイス切り替え				○				

がんばりカード作成の留意点

行動面に課題がみられる子どもは、毎日、1日中何か問題が起こっているように思われがちだが、表につけることで、安心している時間もあることに気づかされる。問題が起こった場面の前後を具体的に検討することで、環境調整、本人による調整を促す材料とする。例では、「暴力・暴言をやめる」ことが目標だが、代替手段として「注意されたらすぐ直す」「困ったら相談する」「行動を切り替えられる」などの項目をもうけ、これらの行動がとれても評価するようにする（肯定的な評価の機会を増やすため）。

評価のしかたの事例

在籍学級の担任教師が、がんばりカードを記入して、1日を振り返るでもよいし、1週間分をまとめて通級の担当が個別対応の時間などを活用して振り返ってもよい（その場合は担任と事前の詳細な聞き取りが必要）。うまくいったことを評価しつつ、うまくいかなかったところ（例では、中休みの暴力・暴言）については、指導者が事情を聞き、「どうすればよかったのかな？」と確認する。「3時間目に切り替えられてよかったね」と肯定的な評価で終わらせるようにする。設定した項目に対する目標が達成されたら、次の項目（ステージ2）を立てる。

関連するスキル

すべてのスキルを学ぶときの基本となる

活動1

自分新聞＆私のビフォーアフター

対象	幼児	**小(低)**	**小(中)**	**小(高)**	中学
形態	**個別**	**ペア**	**小集団**		

ねらい 自分の課題や成長したところなどを客観的に捉え、改善していこうという意欲をもつ。成長がみられた部分は自他で評価し、自信につなげる。

自分新聞 （学期の初めに行う活動）…別冊16ページ参照

学期の初めに、自分自身の学級でのめあて（忘れ物をしないなど）、通級でのめあて（人の話を聞くなど）を決めて新聞にする。新聞は壁に掲示し、そのつど確認できるようにする。

めあての決め方

学級（在籍学級）のめあては、在籍学級の担任教師と相談して決めてもよい。通級（指導機関）のめあては、担当の指導者と子どもとで相談して決める。

評価のしかた

学期の終わりに評価する。本人と担任教師や、小集団（子どもどうし）で振り返るのもよい。子どもどうしの場合、本人が気づいていない行動を評価されることがあり、気づきにつながる。

私のビフォーアフター （学期の中ごろや学期末に行う活動）

グループで座談会を開き、それぞれが「過去の自分」について語り合う。個別で行うときは、指導者と、「昔は○○だったね」と、現在のうまくいっていることと比較するように、過去の自分のことを語り合う。

例：「ケンカばかりしていた」「人の話が聞けなかった」
「自分の意見が言えなかった」など

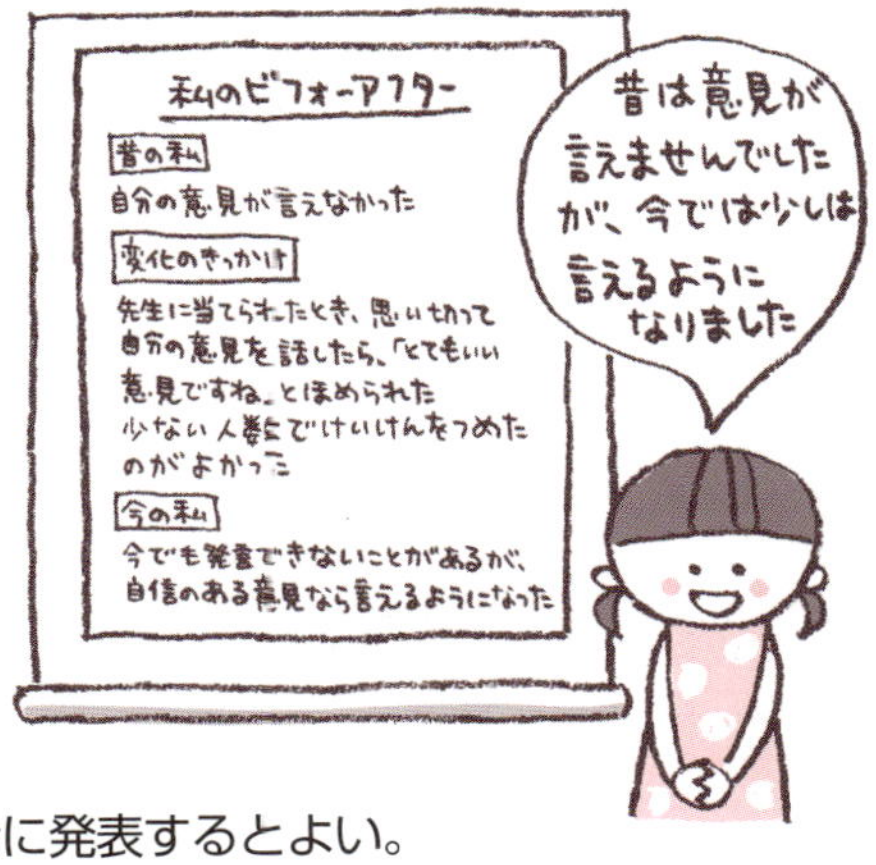

ワークシートに書く

「現在の自分」と「過去の自分」の違い、なぜ変化したのかをワークシートに書く（「過去→変化したきっかけ→現在」の流れで）。

発表の機会をつくる

ワークシートの内容をポスターや、パソコンのプレゼン用ソフトなどで掲示し、お楽しみ会や進級お祝い会などの機会に発表するとよい。

関連するスキル

- スキル11「人前で話す」
- スキル18「仲間意識、所属感を高める」
- スキル25「適切に気持ちを表現する」

活動 2

なんでもベスト3 &
なんでもQ（クエスチョン）

対象	幼児	小(低)	小(中)	小(高)	中学
形態	個別	ペア	小集団		

ねらい 自分の得手不得手、好き嫌いを認識し、人に理解してもらえるよう伝える。

なんでもベスト3

指導者が提示したテーマについて、各自が自分のなかの「ベスト3」を用紙に記入し、発表し合う。発表する際に、なぜその3つを選んだのか、理由も話す。

テーマの例

「好きな○○ベスト３」「嫌いな○○ベスト３」「苦手な（得意な）教科ベスト３」「今年がんばったことベスト３」「困っていることベスト３」「今やりたいことベスト３」など

発表で使える話型

「ぼくの（私の）苦手なことベスト３は、～です」「どうしてかというと～だからです」「理由は～です」

なんでも Q(クエスチョン)

「なんでもQカード」（質問・テーマが書かれたカード）を引き、そのテーマについて簡潔に話す。

やり方

1. テーマを書いたカードを何枚か用意しておく
2. カードを引く順番を決める
3. 一番の人がカードを引く。カードに書かれているテーマについて話す。すぐに思いつかないときは、理由もつけて「後で話します」と言う
4. 話し終わったら、次の人にカードを渡す。今度は、カードを受けとった人がそのテーマについて話す
5. 全員が話し終わったら、次の人が新しいカードを引き、そのテーマについて話し、一巡させる

テーマの例

「苦手なこと」「得意なこと」「困っていること」「小さいころどんな子だった？」など

関連するスキル

- スキル 11「人前で話す」
- スキル 18「仲間意識、所属感を高める」
- スキル 25「適切に気持ちを表現する」

活動3

私の学びの場PR（通級CM作り）

対象	幼児	小(低)	小(中)	小(高)	中学
形態	個別		ペア		小集団

ねらい 通級（指導機関）で何を学ぶのか、通級に通っている意味を、自分で肯定的に受け止めたうえで、ほかの人にも理解してもらえるように説明する。

私の学びの場PR（通級CM作り）

「通級ってどんなところ？」「どんな勉強をするの？」といった疑問を投げかけ、子どもどうしが話し合いながら答えを出す。答えを紙芝居やポスター、スライドなどにまとめて、発表する。

【指導のポイント】

通級（指導機関）を利用していることについて、本人がどう考えているか（通級に通う必要性など）、何を学びにきているかを意識させることが大切。通級で学習する意義を、他人に説明したり、PRしたり、宣伝したりすることで、通級に通う意味を理解し、肯定的に受け止められるようにする。

応用

通級に初入級してくる子どもや、体験入級してくる子どもへの説明に、応用させることができる。

関連するスキル

すべてのスキルを学ぶときの基本となる

定着化・般化のポイント

否定せず、肯定的に理解する

身近な大人は子どもを否定的に評価しがち

こんなこともできないの？

がんばりが足りないのよ

がんばっても結果が出ないとダメね

↓

指導者や保護者が子どもの苦手や失敗も肯定的に受け止め、支援する姿勢が求められる

周りの大人が肯定的に受け止める

子どもが学ぶべき課題を自己理解できるかどうかは、在籍学級の担任指導者や家庭での親の日ごろのかかわり方によって違ってきます。クラスや家庭で問題児扱いされている子がソーシャルスキル指導を受けるよう促されても、その必要性を理解し、納得して指導を受けることができません。ふだんから、周りの大人が本人の困り感に共感し、子どもの気持ちに配慮し、子ども目線で支援しているかどうかが問われます。日ごろから、子どもと向き合いことばを交わすこと、気持ちを察したり、その気持ちを言語化して認めてあげることが求められます。

がんばりを親に報告する

発達障害のある子に対して、親がその特性や困難を正しく理解し、共感し、気持ちに配慮することができていれば、ソーシャルスキル指導において、学校（教育）と家庭の連携もうまくいきます。

親の子ども理解を促すためには、子どものがんばりを親にしっかりと伝えていくことが有効です。たとえば、学級や通級で、めあてや目標を指導していくなかで、その日の指導セッションの振り返り（終わりの会）のときに、よくできたと評価されたポイントの数だけ、子どもに折り紙の王冠《おうかん》などを渡します。指導終了後、親に子どもを引き渡すとき、今日のがんばりをその日の個別目標とともに親に報告しますが、同時に、子どもにも王冠が何個ゲットできたか、親に報告させるのです。

事前に親に働きかけ、王冠が何個かたまると特典（ごほうび）が得られるよう（50個たまったら遊園地に行けるなど）、子どもと約束してもらうのもよいでしょう。特典を得るためのがんばりであっても、結果的に、本人も親も達成感や自己肯定感、自信を得ることができます。また、親も子どもを肯定的に受け止められるようになり、理解を深めることができます。

3章

通級指導学級における指導の実際

通級指導学級での1日の指導

通級指導学級（東京都）では、生活のすべての場面を社会性の学習機会と捉えています。全員に共通して行う指導と、個々の発達段階やスキルに合わせて、意図的に場を設定して行う指導とを組み合わせます。ここでは、通級による1日の指導の実際をケースとともにみていきます。

○曜日グループ（6名グループ）の1日

■指導者4名
A先生、B先生、C先生、D先生

■児童
3年生男子3名《A君、B君、C君》
4年生男子3名《D君、E君、F君》

朝の登校時

あいさつの指導

朝の登校時間、通級に入級してから2日目を迎えるA君は、教室の扉を開け、黙って入ってきました。入室後、荷物を置き、黙々と朝の準備を始めています。A先生とB先生は、通級指導学級の職員室でA君があいさつに来るのを待っていましたが、少し待ってもやってこないので、A先生が教室に行き、「A君、おはようございます」と声を掛けました。「あ、おはようございます」とA君は答えました。すかさず、A先生は「職員室にB先生もいるから、あいさつしておいで」と促しました。

A君は素直に従って、職員室に行き、B先生にあいさつをしました。B先生は「おはようございます。A君は相手の顔を見てあいさつができるね。いいあいさつだよ。先生が教室にいないときは、職員室にいるはずだから、朝は、いまみたいに、あいさつに来てくださいね」と笑顔で伝えました。

朝の準備の指導

朝の準備は、黒板に貼られた手順表を見て行います。この日は、1時間目が体育なので、体育着に着替えておきます。

①学習道具をランドセルから出す
②連絡帳（通級、家庭、在籍学級の3者間の連絡帳）を提出する
③ランドセルをしまう
④体育着に着替える

C君は、着替えの途中に、周りの刺激に気をとられやすいタイプです。「3分以内に着替える」という目標をもうけていて、担当のC先生にタイマーで時間を計ってもらいながら、挑戦します。そこに、D先生が登場し、「ねぇねぇ、C君、昨日のテレビ見た？ おもしろかったよね」と声を掛けてきました。「うんうん、見たよ！……？」D先生の「誘惑」に一瞬引っかかりそうになったC君でしたが、「いま着替え中なので、ちょっと、あとにしてくれませんか！」と、きちんと断ることができました。

C君は、３分以内で着替えることができました。C先生は「やったね、無事クリア！　ついつられそうになるところを、やめられるようになってきたね。すごいよ！」とほめました。

◆◆◆◆ 朝の会 ◆◆◆◆

不用意な発言への指導

朝の準備を終えると、朝の会を始めます。朝の会では、出欠確認と今日の予定の確認を行います。

朝の会担当のA先生が日直のB君に進行をお願いしました。出欠確認のときは声の大きさや、名前を呼ぶ人のほうを見るといった点を意識する必要があります。ほかの５人は名前を呼ばれたら返事をして、右手をまっすぐ上に挙げます。できていないときは、やり直しをします。

「今日の予定です。先生お願いします」と言って、B君は席に着きました。A先生が「みなさん、聞く姿勢はできていますか？」と声を掛けると、みんなは手をひざに置き、視線を黒板に集中することができました。

「３時間目は…」と説明しているところで、E君が「え、じゃあ、この前の続きはどうするの？」とつぶやきました。先生が「E君、質問があるんですか？」と尋《たず》ねると、「あ、はい、質問です」と手を挙げました。先生は「手を挙げて発言しようとするのはとてもいいね。でも、今日の予定を最後まで説明してから、質問は受けます。それまで待っていてください」と伝えました。E君はちょっと困ったようすでしたが、気持ちを抑えました。説明が終わり、「何か質問はありますか？」と先生が問いかけると、E君が手を挙げました。先生は「よく待てたね」と認めつつ、E君を指名しました。

朝の会の最後に、次の授業時間に関する指示を出します。この日は、体育

活動場面に対応するスキル

活動・場面	対応するスキル
登校時	5ルールを守る／12あいさつ・お礼・謝る
朝の会	1着席する／2見る／3聞く／4待つ／5ルールを守る／11人前で話す／13報告・連絡・相談／14ヘルプを出す
1時間目 体育（運動・動作）	2見る／3聞く／4待つ／5ルールを守る／6人と合わせる／8上手に切り替える（行動）／10集まる・並ぶ・移動する／13報告・連絡・相談／14ヘルプを出す／19協力する／24動作の模倣
2時間目 聞く・話す（学習態勢づくり）	1着席する／2見る／3聞く／4待つ／5ルールを守る／11人前で話す／13報告・連絡・相談／15上手に話し合う
中休み	5ルールを守る／7負けても怒らない／9上手に切り替える（気持ち）／12あいさつ・お礼・謝る／13報告・連絡・相談／15上手に話し合う／17肯定的にかかわる／21空気を読む
3時間目 個別学習	1着席する／2見る／3聞く／4待つ／5ルールを守る／8上手に切り替える（行動）／11人前で話す／25適切に気持ちを表現する／26自分の課題の自己理解
4時間目 コミュニケーション	1着席する／2見る／3聞く／5ルールを守る／7負けても怒らない／15上手に話し合う
給食	4待つ／10集まる・並ぶ・移動する／11人前で話す／16会話／21空気を読む
掃除	5ルールを守る／13報告・連絡・相談／15上手に話し合う
帰りの会	1着席する／2見る／3聞く／4待つ／5ルールを守る／11人前で話す

館で「サーキット運動」(55ページ参照)を行うことや、体育館に持って行く物、体育館に行ってから準備する物などが指示されました。体育館のカギを開けるのは、日直のB君の仕事です。B君は職員室に行き、「失礼します。コミュニケーションの教室のBです。体育館のカギを取りにきました」と伝え、カギを借りることができました。職員室にいた校長先生からも、しっかりした対応ができているとほめられました。

1時間目・体育(運動・動作の時間)

活動内容

①サーキット運動の準備→②集合・整列→③準備運動→④サーキット運動→⑤振り返り

指示内容を忘れた子への指導

教室から体育館までは、「歩く修行」(77ページ参照)にならい、3つの約束(手に持っている物は振り回さない、前ならえの距離、声を出さない)を守りながら移動します。

体育館に着くと、各自サーキット運動の準備に取りかかりますが、F君だけが動こうとしません。体育担当のC先生は気づいていますが、あえて声を掛けずにいます。そこへ、個別の担当のB先生が「F君、どうしたの?」と尋《たず》ねました。F君は「何を準備すればいいのか忘れてしまって…」と話しました。B先生が「困ったときは固まるのではなく、どうするんだった?」と聞くと、「先生に相談する」と小声で答えました。「そうだね。いまはだれに相談すればいい?」「C先生…」「わかっているなら、それをやろう!」B先生に促されて、F君はC先生に「何を準備するのか忘れてしまったので教えてください」と聞きました。

C先生は「よく聞けたね。忘れてしまうことはだれにでもあります。困ったら相談すればいいよ」と伝えたあと、「F君はコーンを黄色い線の角に4個並べてください」と指示しました。F君はすぐに準備を始めました。

ルールを守れない子への指導

サーキット運動を始めます。C先生は「サーキット運動は競争ではありません。前の人が終わるまで上手に待ったり、正しく運動したりすることが目的です。先生にやり直しと言われたら、その場でやり直してください」と指示しました。張り切ってスタートしたA君は、前を行くB君に負けたくないあまり、コーンの内側を走ってしまいました。C先生から「A君、コーンの外側を走りなさい。やり直してください」と注意されました。A君は、次の種目をやり始めていましたが、渋々戻ってやり直しました。

みんなが決められた周数を終えたところで集合して「振り返り」をします。C先生が「自分の感想と、友だちのよかったところを見つけた人は話してください」と言うと、B君が「6周やって疲れました。あと、A君がやり直しって言われていやそうだったけど、ちゃんとやり直していてすごいと思いました」と発言しました。

すかさず、C先生がA君に「やり直しって言われてどんな気持ちだったの?」と聞くと、A君は「ムカついた!」と答えました。「ムカつくレベル1~5だとどれくらい?」と続けて聞くと、

「4」と答えました。C先生は「そうか、そんなにいやだったのに、よく切り替えられたね」とA君をほめ、さらに、「それに気づいたB君もすごいね」と、B君のこともほめました。

2時間目・活動

活動内容 ①聞く修行、②見る修行、③スピーチ

活動中の個人の評価

2時間目はA先生がメインティーチャーです。正しい姿勢を確認し、活動中の子どもの態度を見ながら、指導者が黒板の「目・耳・口・手・足・心」それぞれの項目にばっちりカードを貼って評価します（41ページ参照）。

最初は「聞く修行」の「ステレオクイズ」（49ページ参照）を行います。まず、B先生とC先生が「せーの」で違うことばを言いました。子どもたちがいっせいに手を挙げます。A君は当ててもらいたくて、「はい！はい！」とアピールしています。A先生は「黙って手を挙げているB君、どうぞ」と指名しました。B君が「B先生は『うま』と言いました」と答えると、A君が「同じです」と反応しました。C先生は「正解です」と言いつつ、まず、B君の「耳」の項目にばっちりカードを貼りました。続けて、「A君は当てられなくても怒らないで気持ちを抑えられたね」と、「心」の項目にひとつ、「B君の答えをよく聞けたね」と、「耳」の項目にひとつ、そして、「『同じです』としっかり言えたね」と、「口」の項目にもひとつばっちりカードを貼りました。

スピーチの時間では、D君とE君がスピーチをします。A先生が「2人で相談して順番を決め、決まったらD君が報告してください」と指示しました。D君は「どっちがいい？ おれ、先でいい？」と聞き、E君は「おれ、2番でいいよ」と答えました。

D君からの報告を受けたA先生は「お互いのことを考えながら、上手に相談できたね」と、2人の「目」と「口」の項目にばっちりカードを貼りました。そして、ほかの4人には「2人が相談している間、静かに待っていられたね」と、それぞれの「口」の項目にばっちりカードを貼りました。

中休み

活動内容 ①スーパードッジボール

自由活動における指導

このグループの6人は、中休みはいつもスーパードッジボール（58ページ参照）をやります。早速A君が「先生ボール！」と大きな声で叫びました。しかし、先生はだれも反応しません。A先生は「A君、その言い方では、何先生に何を伝えたいのかわからないよ」と指摘しました。すると、A君は改めて「A先生、ボールを貸してください」と言い直しました。「どうぞ」と、A先生はやさしくボールを差し出しました。スーパードッジボールを始めると、B君が投げたボールがE君の顔に当たりました。E君が痛がっていると、みんなの動きが一瞬止まりました。そんななか、B君は「やったー！」と喜んでいます。A君が「大丈夫？ E君」と声を掛けていると、転がったボールを拾ったB君が、今度はA君にボールをぶつけました。審判役のC先生が「ちょ

っとストップ！」と止めに入りました。
それぞれの言い分を確認し、顔に当てたときは相手に謝ること、ほかのプレーヤーの動きを見ること、いったんゲームを中断することを確認しました。

3時間目・個別学習（A君のケース）

活動内容 ①目トレ、②ランキングトーク、③算数、④がんばりカードの振り返り、⑤考え方探しゲーム

個別の指導と評価のしかた

個別学習では、担当のC先生が毎回、5つの課題を紙に書いてA君に示してから、取り組ませています。不注意なところがあり、文章をじっくり読むことが苦手なA君は、1枚の紙にランダムに書かれたカタカナのなかから、一定時間内に指定された文字をすべて見つける「目トレ」の教材をウォーミングアップに行います。

今日は1分25秒でトライしましたが、1字見落としがありました。いらつき始めたA君に、C先生が「①は終了！ 自分では◎○△×の4段階評価だと、どれだと思いますか？」と尋《たず》ねると、A君は×を付けました。C先生は「A君はイライラしているのによくがまんできているね。1文字見落としたけど、一生懸命やっていたから、魔法のことば『ま、いっか！』（65ページ参照）で、先生からの評価は○です。次、切り替えて②をやりましょう！」と言い、赤で○を付けました。

③の算数では、事前に在籍学級の担任の先生から今日授業で進む範囲を確認しておきました。A君は学力的な遅れはないのですが、先日、本人から「通級に行って抜けた日にやっていないことがあると心配になる」と聞いたので、最近は、在籍学級で行う授業内容も5〜10分程度取り上げるようにしました。

④のがんばりカード（148ページ参照）の振り返りでは、在籍学級での1週間のようすを振り返ります。今週は「イライラ虫」をやっつけて、みごとパーフェクト。大好きなキャラクターのスタンプを押して評価します。「おれ、やればできる男じゃん！」とA君も満足げでした。

4時間目・コミュニケーション

活動内容 ①まいっかドンジャン、②相談して決めよう！

葛藤場面をつくる

メインティーチャーのB先生が、4時間目の活動内容を黒板に書き、説明しました。最初は、「まいっかドンジャン」をやりました。続いて、ふたつのゲームを相談して決めます。ひとつめは、しりとりか連想ゲーム、ふたつめは、風船バレーかツイスターゲームです。B先生が「日直のB君が中心になって、相談して決めてください。今日の決め方は多数決を使ってください」と指示しました。さらに、「自分のやりたいゲームができなかったときは、『ま、いっか！』でうまく切り替えてくださいね」と付け加えました。

ひとつめは全員一致で連想ゲームに決まりました。ふたつめのゲームは、指導者の事前の打ち合わせで、A君の思い通りにならない場面をあえてつくることになっていました。C先生とD先生が調整役になり、A君を含む3年

生3人が風船バレー、4年生3人と先生2人がツイスターゲームに手を挙げました。A君は「え〜!」と大声を上げましたが、B先生は「A君」と声を掛け、黒板に書かれたことば「ま、いっか!」を指差しました。A君はにやっと笑い「ま、いっか!」と小声でつぶやきました。B君が「B先生、ひとつめは連想ゲーム、ふたつめはツイスターゲームに決まりました」と報告しました。B先生は「B君、上手な司会ありがとう。A君、B君、C君は3年生なのに上手に相談ができるね。A君は『ま、いっか!』を上手に使えるようになっているね」とほめました。

給食

活動内容 ①身支度、②準備、③配膳、④食事、⑤会話、⑥片づけ

盛りつけ時の配慮

全員が給食当番となり、白衣を着て、手を洗ってから、1列に並んで配膳室まで給食を取りに行きます。運んできたら、自分と、担任の先生のものと、2人分を配膳します。苦手なメニューもひと口は必ず盛りつけ、好きなメニューでもほかの人のことも考えて、1人分の量を盛りつけるようにします。

掃除

役割分担の指導

プレイルームの雑巾担当はD君とE君、ほうき係はD先生です。

机を運ぶとき、D先生は「机は全部で10個あります。先生も含めて3人で分けて運べるように計算してください」とD君に指示しました。D君が「1人3個ずつで、1個余ります」と答えると、D先生は「では、D君が4個運んでください」と頼みました。「え、どうしてぼくが4個なんですか?」とD君が言いましたが、「だれかがやらないと掃除は終わりません。D君がやってくれると助かるのでお願いします」と伝えました。D君はぶつぶつ文句を言いながらも4個運びました。掃除を終えたあと、D先生は、D君、E君に「ご苦労さまでした。D君は机を1個多く運んでくれてありがとう。助かりました。いやだなと思っても、最後までやれたのはとてもよかったです。協力して仕事をするときには、みんなが同じ量の仕事をするとは限りません。知っておいてくださいね。また、頼むかもしれませんが、そのときはよろしくお願いします。E君からもお礼を言ってください」と言いました。E君も「D君、ありがとう」と伝えました。

帰りの会

活動内容 ①ランドセルの準備、②連絡帳の記入、③連絡帳をファイルにはさむ、④帰りの会

役割分担の指導

ランドセルの準備を終えたあと、連絡帳に今日の感想を書いて先生に提出します。A君は「4時間目のコミュニケーションが楽しかったです」と書きました。C先生は「一緒に、がんばりカードの振り返りをしよう」と言って、ひとつひとつスタンプを押しました。「4時間目のコミュニケーションでは、『ま、いっか!』がたくさん使えていたね。この調子でクラスでもがんばってください」と伝えました。

通級指導学級での年間指導計画

通級のソーシャルスキル指導は、年間を通した指導計画を策定し、その流れに沿って行います。子どもの実態は日々変化するため、週ごと、学期ごとに見直しを行い、そのつど修正することが大切です。ここでは、通級指導学級（東京都）での年間の指導の実際をみていきます。

年間の指導の流れ

年度初めにケース会議を開き、どのスキルにターゲットをおくかを決めます。そのため、個々の子どもの実態把握、在籍担任や保護者、本人のニーズ、困り感をキャッチしておくことが重要です。①個別・グループの実態把握→②目標、ターゲットスキルの決定→③学期のグループ案決定→④おおまかな年間の方向性を話し合う（学期ごと、週ごとに見直す）の流れで話し合い、指導は1年間の期間で行われることが望ましいといえます。たとえば年度初め（1学期）は、めあてや動機づけ、仲間づくりを中心に行い、2学期は実態に即したソーシャルスキルプログラムを実践し、3学期は年間のまとめを中心にした活動を行うとよいでしょう。

1学期　めあてや動機づけ、学習態勢、仲間関係づくりを中心に

年度初めは、動機づけ、学習態勢、仲間関係づくり、ねらい・目標の設定・確認を行う

例　動機づけの方法

低学年　「先生から、姿勢がくずれちゃうと言われたから、きちんと座る力をつけるよ」

高学年　「身につけたい力のアンケートをとるよ。あなたは、ここでどんな力をつけたい？」
➔みんなの要望をまとめ「タイミングよく会話に入れる力をつける学習をします」

【やっておくとよいスキル】

- 低学年：スキル 1「着席する」／スキル 2「見る」／スキル 3「聞く」／スキル 4「待つ」／スキル 5「ルールを守る」／スキル 10「集まる・並ぶ・移動する」／スキル 24「動作の模倣」など、学習態勢にかかわるもの
- 高学年：スキル 17「肯定的にかかわる」／スキル 18「仲間意識、所属感を高める」／スキル 19「協力する」／スキル 26「自分の課題の自己理解」など

2学期 積極的にスキル指導を行う（グループの実態に合ったスキルを導入）

2学期は、個々のグループの実態に即したスキル学習を実践していく

例 実態に合ったスキル学習の方法
（在籍学級で問題となっていることなどの情報を集める）

低学年

- 「入れて」のことばが言えなくてトラブルになる
  →スキル12「あいさつ・お礼・謝る」／スキル22「ことばでのやりとり」 など
- 友だちと遊べない
  →スキル6「人と合わせる」／スキル7「負けても怒らない」／スキル8、9「上手に切り替える」／スキル19「協力する」 など

高学年

- 給食時の会話に入れず悩んでいる
  →スキル 15「上手に話し合う」／スキル 16「会話」／スキル 21「空気を読む」／スキル22「ことばでのやりとり」 など
- 「空気が読めない」と友だちに言われ、悩んでいる
  →スキル 21「空気を読む」／スキル 23「かくれたルールを理解する」／スキル 25「適切に気持ちを表現する」 など

活動を通してスキルの獲得を行い、学期末に、より実践的なスキルを使う場として「お楽しみ会」などを設定する。般化への工夫がポイントとなる。
→スキル20「仲間で計画・立案・実行する」

3学期 振り返り、まとめ、評価の時期（自己理解や自己の課題の確認も含めて）

3学期は、1年間の指導・活動を振り返り、まとめと評価を行う

- 1年間につけた力を発揮できる場
  →「プレゼン名人」（スキル 11「人前で話す」）「お楽しみ会」「進級お祝い会」（スキル 20「仲間で計画・立案・実行する」）など
- 自己理解、他者理解のスキルの獲得を確認・評価
  →「がんばりカード」「自分新聞」（スキル26「自分の課題の自己理解」）など
- 自己評価、他者評価のまとめと発表
  →「私のビフォーアフター」（スキル26「自分の課題の自己理解」）

事例 低学年の年間指導

□曜日グループ（5名グループ）の年間指導の流れ

■指導者4名
T1…A先生
T2～T4…B先生、C先生、D先生

■1年生児童5名
A君、B君…LD、ADHD傾向
C君、D君…自閉傾向
E君…ボーダーライン知能

実態把握・アセスメント

子どもの実態把握のために、入学前の施設（幼稚園や保育園）、療育施設、保護者から聞き取り調査を行います。その際は、チェックリストに記入してもらい、客観的なアセスメントが行えるよう努めます。また、在籍校を訪問し、授業参観や個々の子どもについて行動観察を実施します。個別の実態把握を踏まえたうえで、グループの全体の傾向を捉えます。このグループの場合、気の散りやすさや多動などの課題がみられたり、学校生活に慣れていないことによるルールの無理解などが明らかになりました。そこで、①小学校生活・ルールの理解を図ること、②基本的な学習態勢を定着させることが共通の課題であり、目標にすべきであると、ケース会議で決定しました。

動機づけ・めあての設定

T1のA先生が、次のケース会議までに、1学期のおおまかな年間指導計画（次ページ表参照）を立てます。まず、学校がどんなところか、通級学級でどんなことを勉強するのかをオリエンテーションを行って、理解させることにしました。

「学校では授業中は座ります」「みんなが素敵な1年生になれるように、通級で『修行』します」「いすの座り方から始めます。教室でちゃんと座りなさいって怒られていない？」といったことばで、1年生向けの意識づけを行い、「見る、聞く、待つ」など、基本的な学習態勢に必要なプログラムを進めていきました。

その結果、6月には、着席する、先生のほうを見るといった基本姿勢がとれるようになり、在籍学級での離席が目立っていたA君、B君も着席できるようになったとの報告がありました。

計画の見直し・修正

しかし、離席がなくなり、集団活動に参加する時間が増えると、今度は、ルールが守れずにトラブルになるケースが目立ってきました。

A君、B君は多動・衝動性のため、活動に最後まで参加したりルールを守るのが苦手、D君は見通しをもちにくく、どう動いていいかわからなくなる、E君は知的な問題からルールの理解が難しい、C君は話を最後まで聞かずに勝手な解釈をしてしまうといったことから、トラブルが起きやすくなります。

こうした実態を踏まえ、予定を早めて、スキル5「ルールを守る」（56ページ参照）に取り組むことにし、活動1「ジェンガ」を行いました。

1週間の振り返りのケース会議において、T2のB先生より、E君が小集団でもルールを理解できずにいた旨、報告がありました。そこで、翌週は、予定では次の活動に移る予定でしたが、もう一度同じ活動を行い、定着を図ること、視覚的なルールの提示やスモールステップにすることなどを確認しました。B先生の「ルールがわかった、友だちと楽しめたという経験を積む段階ではないか」との見立てに基づき、E君がルールがわからずに困っているときは直接教えるのではなく、T1にヘルプを求めるよう促すこととし、再度計画を立て直しました。

学期末の評価・振り返り

学期末には、グループの授業の振り返りを指導者全員で行います。グループの課題やめあての設定は妥当だったか、子どもの変容はどうだったかなど、活発に意見交換が行われることが望ましいといえます。成果と課題を出し合い、個人面談などで保護者のニーズ、在籍学級でのようす、在籍担任のニーズなどを確認することも重要です。

このグループでは、5人は通級では離席せず45分間着席できるようになりました。また、少人数での集団参加には問題はなく、簡単なルールなら理解して守ることができていました。ただし、1学期では、参加すること、ルールを守ることに重きを置いたため、勝敗や順番待ちなどのストレスの少ない活動に取り組んできました。

勝敗がからむゲームでは、A君、B君の衝動性が目立つことが指導者の話し合いのなかで指摘されましたし、D君は負けるとわかると活動に参加しようとしないという在籍学級からの報告があり、C君は家庭では勝てないとかんしゃくを起こすこともわかりました。そこで、2学期は、スキル7「負けても怒らない」（64ページ参照）を中心スキルに据え、指導を進めることにしました。また、自分の思いをことばでうまく表現できるようにするため、「ことばでのやりとり」「報告・連絡・相談」「人前で話す」などのスキルにも取り組むことにしました。

年度初めの指導プログラム案（低学年）

	スキル	活動・指導
1学期	1 着席する	着席のルール確認、よい座り方
	2 見る	見る修行
	3 聞く	「ステレオクイズ」
	4 待つ	順番待ちゲーム、「SST すごろく」
	5 ルールを守る	「ジェンガ」、トランプなどのルールのあるゲーム
	10 集まる・並ぶ・移動する	歩く修行（移動）、集まる修行（集合・整列）
	12 あいさつ・お礼・謝る	「あいことば」
	24 動作の模倣	「まねっこ」「はなはな」「まねっこいろいろ歩き」
2学期	7 負けても怒らない	「まいっかドンジャン」「気持ちはドッチ？」
	9 上手に切り替える（気持ち）	パニックのプロセスを見極めた対応、クールダウンを促す
	11 人前で話す	スピーチ（インタビュー・話型・いつどこ）
	13 報告・連絡・相談	「THE ミッション」（指令文）
	19 協力する	オリエンテーリング、「協力ジェスチャーゲーム」
	22 ことばでのやりとり	「箱の中身は何じゃらほい？」「協力カードならべ」「協力間違い探し」
3学期	15 上手に話し合う	1年の振り返り、めあての振り返り
	26 自分の課題の自己理解	「自分新聞」

事例 高学年の年間指導

△曜日グループ（5名グループ）の年間指導の流れ

■指導者3名

T1…A先生

T2～T3…B先生、C先生

■5年生女子2名、6年生男子2名、6年生女子1名

A君、B君…LD、ADHD傾向

Cさん、Dさん…アスペルガー症候群

Eさん…LD傾向、情緒不安

実態把握・アセスメント

高学年になると、大きな不適応は起こさないものの、友だちとのトラブルで困り感をもつ子が多くみられます。A君は興奮すると自分を抑えられない、B君はときどき手を出してしまうといったトラブルがあります。男子に比べ、女子は一見おとなしそうに見えますが、不安傾向が強かったり、相手に対して強い口調で話してしまったりして、友だちから敬遠されたり、仲間の会話に入れないと悩むケースがみられます。

ケース会議で検討した結果、このグループでは、ひとりひとりの課題がばらばらで、初めてグループを組むことになった顔ぶれも多いため、スキル18「仲間意識、所属感を高める」活動（114ページ参照）に取り組むことにしました。また、自分の課題をどの程度認識できているかを確認するために、最初にアンケートをとり、めあてを共有し、年間の指導プログラムを立てました（次ページ表参照）。

動機づけ・めあての設定

A先生は、子どもに「これからソーシャルスキルの学習を行います。ソーシャルスキルとは、人と上手にかかわる技術や技のことです。この時間は、みなさんのための時間です。みなさんは、自分で、どんな力や技をつけたいと思いますか？　アンケートを取りますので、真剣に考えて答えてください」と話し、アンケートを取りました。

その結果、「空気が読めるようになりたい」「話し合いに入れずに困っている」「給食時間、ひとり仲間はずれになってしまう」「タイミングよく会話に入りたい」などの回答がみられました。こうして子ども自身から上がった課題と実態把握でつかんだ情報をもとに、授業を組み立てることにしました。

1学期の最初の授業では、A先生が「みなさんのアンケート結果に基づいて、1学期の授業を組み立てました。空気が読めるようになりたい、友だちから浮いてしまわないよう、上手につき合いたいという人が多かったので、ウォーミングアップで、『ダウトを探せ！』（128ページ参照）という活動をします。次に、人と上手につき合うためには、『あったかことば』（111ページ参照）が必要ですので、その学習もします」と話しました。

先生から一方的にやらされるのではなく、自分たちのアンケート回答をもとに行われる授業であるということで、子どもたちのモチベーションも上がりました。

このように、高学年の場合は、グループで学ぶべき課題を、子ども自身が

認識できるようにすることが大切だといえます。

1学期末・評価と振り返り

肯定的にかかわることや仲間意識を高めるウォーミングアップを多く取り入れたことで、チーム内での仲間意識が芽生え、自然にお互いの悩みなどを話し合えるようになりました

学期末には、これまでの活動や自分の変容について振り返らせ、さらにもっと「素敵な自分」になるために、どんな力をつけたらいいか話し合ったり、アンケートに記入させたりします。アンケート結果では、「リーダーシップをとりたい」「人前で上手に話したい」といった声が多く、在籍担任との面接でも、2学期は宿泊行事もあり、人前に出て話す経験を積むことが大事だと指摘されたため、2学期のターゲットスキルはスキル11「人前で話す」（80ページ参照）にしました。

また、般化のため、指導者が主導的に行う活動よりも、子どもに委《ゆだ》ねる部分が多い活動として、お楽しみ会の企画や運営を行うことにしました。

高学年グループでは、指導者による振り返りだけでなく、子ども自身にも振り返りや評価をさせることが重要です。自身で振り返らせることが自己の課題の把握につながります。

3学期・まとめの学習

3学期は、1年間を振り返り、また、6年生は6年間を振り返り、自己評価、自己理解を促すために「私のビフォーアフター」（149ページ参照）を行います。まず、座談会を開き、みんなで過去の自分について語り合い、現在の自分との違い、なぜそのように変化したのかをまとめます。そして、進級お祝い会などの場で、パソコンなどを使って、自分をプレゼンテーションすることにします。

1学期、2学期に取り組んできた学習の総まとめとなるよう、すべてのスキルを使う課題を設定しました。

年度初めの指導プログラム案（高学年）

	スキル	活動・指導
1学期	15 上手に話し合う	「アイデア・ブレーンストーミング」「順位を当てろ」「チームDE問題解決」
	17 肯定的にかかわる	「あったかことば・チクチクことば」
	18 仲間意識、所属感を高める	「インパルス」「共通点で集まれ！」「パチパチ感知器」
	21 空気を読む	社会的参照を促す、「ダウトを探せ！」
	26 自分の課題の自己理解	「めあてを共有する」「がんばりカード」「なんでもベスト3＆なんでもQ（クエスチョン）」
2学期	11 人前で話す	「プレゼン名人」
	20 仲間で計画・立案・実行する	「お楽しみ会を企画しよう」「CM作り」
	23 かくれたルールを理解する	「かくれたルールかるた」
	25 適切に気持ちを表現する	「気持ちツリー＆マイコップ君トーク」
3学期	26 自分の課題の自己理解	「私のビフォーアフター」「私の学びの場PR（通級CM作り）」

語 句

スキル

活動

あ

か

さ

●監修者

上野　一彦（うえの・かずひこ）

東京大学教育学部卒業。同大学院を修了後、東京大学助手、東京学芸大学教授を経て、現在、東京学芸大学名誉教授。LD 教育の必要性を説き、支援教育を実践するとともに啓発活動を行う。1990 年に全国 LD 親の会、1992 年に日本 LD 学会の設立にかかわる。文部科学省「特別支援教育の在り方に関する調査研究」などの協力者会議委員や、東京都「心身障害教育改善検討委員会」委員長を歴任。日本 LD 学会理事長。学校心理士、特別支援教育士スーパーバイザー。著書に『LD と ADHD』『LD とディスレクシア』『LD 教授（パパ）の贈り物　ふつうであるよりも個性的に生きたいあなたへ』『LD のすべてがわかる本』（以上講談社）『図解よくわかる LD』『はじめに読む LD の本』（以上ナツメ社）など多数ある。著者ブログ　http://www.u-kaz.com/

●著者

岡田　智（おかだ・さとし）

東京学芸大学教育学部卒業。同大学院を修了後、ながやまメンタルクリニック心理士、東京都公立教育相談室教育相談員、YMCA 東陽町センター講師、共立女子大学家政学部児童学科専任講師などを経て、現在、北海道大学教育学研究院附属子ども発達臨床研究センター准教授。臨床心理士、特別支援教育士スーパーバイザー。専門は発達障害の子どもの心理アセスメント、ソーシャルスキルトレーニング。著書に『特別支援教育実践ソーシャルスキルマニュアル』『特別支援教育ソーシャルスキル実践集』（以上明治図書）『発達障害における精神科的な問題』『自閉症スペクトラム障害の社会的認知と行動』（以上日本文化科学社）などがある。

森村　美和子（もりむら・みわこ）

茨城大学教育学部卒業。東京都練馬区立旭丘小学校固定学級、通級指導学級教諭、東京都世田谷区立桜小学校通級指導学級教諭を経て、現在、東京都狛江市立緑野小学校通級指導学級主任教諭。特別な教育ニーズのある子どもの指導や保護者の相談に当たる。日本 LD 学会会員。

中村　敏秀（なかむら・としひで）

東京学芸大学教育学部卒業。同大学院教育学研究科総合教育開発修了後、小平市立第十四小学校通級指導学級教諭、あきる野市立西秋留小学校通級指導学級教諭を経て、現在、あきる野市立増戸小学校通級指導学級主任教諭。あきる野市特別支援教育専門委員、あきる野市特別支援教育コーディネーター、日本 LD 学会会員。

特別《とくべつ》支援《しえん》教育《きょういく》をサポートする
図解《ずかい》よくわかる ソーシャルスキルトレーニング（SST）実例集《じつれいしゅう》

2012 年 8 月 7 日　初版発行
2013 年 7 月 10日　第 4 刷発行

監修者　**上野《うえの》一彦《かずひこ》**
著　者　**岡田《おかだ》　智《さとし》**
　　　　森村《もりむら》美和子《みわこ》
　　　　中村《なかむら》敏秀《としひで》
発行者　**田村正隆**

発行所　**株式会社ナツメ社**
東京都千代田区神田神保町 1 − 52　ナツメ社ビル 1 F（〒 101 − 0051）
電話　03（3291）1257（代表）　FAX　03（3291）5761
振替　00130 − 1 − 58661

制　作　**ナツメ出版企画株式会社**
東京都千代田区神田神保町 1 − 52　ナツメ社ビル 3 F（〒 101 − 0051）
電話　03（3295）3921（代表）

印刷所　**図書印刷株式会社**

ISBN978 − 4 − 8163 − 5277 − 5

特別支援教育をサポートする

図解 よくわかる
ソーシャルスキルトレーニング(SST)実例集

別冊教材資料

別冊

資料 1

▶本冊 P24

個別の指導計画フォーム

<table>
<tr><td>児童氏名</td><td colspan="2">年齢</td><td>記載日</td></tr>
<tr><td>所属学校</td><td colspan="2">学年</td><td>担任</td></tr>
<tr><td colspan="2">指導期間</td><td colspan="2">曜日・回数</td></tr>
<tr><td colspan="2">指導場所</td><td colspan="2">指導者</td></tr>
<tr><td colspan="4">子どもの実態</td></tr>
<tr><td>長期目標（　　／　　）</td><td colspan="3" rowspan="2">評価（　　／　　）</td></tr>
<tr><td>短期目標</td></tr>
<tr><td>長期目標（　　／　　）</td><td colspan="3" rowspan="2">評価（　　／　　）</td></tr>
<tr><td>短期目標</td></tr>
</table>

●シート②

学校名　　　　　　　　　　学校　　年　作成日：　　年　月　日　作成者

G．子どもの学校での様子（行動・生活・対人面）	
H．検査結果（WISC－Ⅳなど）	I．障害特性（困難の背景のまとめ）
	J．二次症状
K．行動・社会性の面（ソーシャルスキルの状況）	
L．子どもの実態のまとめ、指導指針	

資料２

▶本冊 P34

実態把握シート

●シート①

氏名　　　　　　　　　　　　（男・女）　　生年月日：　　年　　月　　日（　　歳　　ケ月）

A．主訴（子ども、保護者の訴え）
B．生育歴・相談歴・教育歴 【周産期の状況（出産時含む）】出生体重（　　g）出生週数（　　週　　日）アプガー指数（　　　） 【生育状況】首のすわり（　　ケ月）はいはい（　　ケ月）歩きはじめ（　　ケ月）排泄自立（　　歳　　ケ月） 始語（　　ケ月）初めてのことば（　　　　　）２語文（　　歳　　ケ月）会話（　　歳　　ケ月） 人見知り（強・有・無）指さし（有・無）こだわり（強・有・無）こだわったもの（　　　　　　） 【健康診断】１歳半：　　　　　３歳：　　　　　　就学時： 【相談・教育歴】（機関名、時期、相談・指導内容） 【診断・服薬状況】（診断名、薬剤名、時期、診断や投薬を受けた機関名）
C．家族構成・家族関係　／　D．子どもの家庭での様子
E．学校の支援体制，支援機関
F．学習面（国語、算数などの成績、授業への参加状況など）

使用目的

事前評価（指導目標の選定）および事後評価（指導の振り返り）

　このチェックリストは、ソーシャルスキル指導の際に子どもの指導目標を選定するために行うものです。指導が始まり、子どもの様子がある程度つかめた時期に、担当の指導者が実施します。できるだけ、複数の指導者で話し合いながらチェックしていきます。

　また、ソーシャルスキル指導の効果を振り返り、さらなる改善点や次の支援の展開を行うために、指導後に実施することもできます。この尺度で指導終了の判定や障害の診断などを行うことはできませんので注意してください。

　この尺度は、発達障害や発達上アンバランスのある子どもへのソーシャルスキル指導における目標として、代表的なものを取り上げています。ここに掲載されている項目以外にも、子どもにとって重要なものもがある場合も考えられます。そのときには、その他のところに新たに設定してください。

目標選定の留意点

　評定方法は年齢相当を基準にした達成度でおこないますが、子どもの年齢や障害特性によって、各項目の意味合いや重要度は違ってきます。

　また、指導者評定尺度ですので評定者の観点、立場、経験も大いに影響します。領域に関しても、項目によっては厳密に分けられないものもあります。これらの尺度の結果はあくまでも、目標選定の参考としてお使いください。

　達成できている項目に関しては、指導目標として取り上げる必要がないと判断されることもありますが、子どもを取り巻く環境や子どもの成長の過程で、指導ニーズが高くなる場合もありますし、スキルが定着するまでもう少し指導目標として取り上げることが必要な場合もあります。達成できていない項目に関しては、子どもの問題が複雑であったり、困難が強かったりするれば、多くの項目が低い評定となることでしょう。達成できていないものをすべて、そのまま指導目標として取り上げるのではなく、子どもが達成しやすいものや子どもの自己発揮に重要なものを優先的に選んでいく必要があります。子どもひとりひとりの特性やニーズを把握し、目標を選定していく必要があります。

情緒・自己	学ぶべき課題の自己理解（自分は何を克服するべきなのか）	1	2	3	4	
	得意・不得意、長所・短所の自己理解	1	2	3	4	
	対人関係や集団参加に対しての自信をつける	1	2	3	4	
	他者からの援助（助言）を受け入れる	1	2	3	4	
	感情の自己認知と自己コントロール（気持ちの切り替え など）	1	2	3	4	
	ストレスへの対処（いじめ・からかいへの対処も含む）	1	2	3	4	
	パニックや不安への対処（クールダウンをする、ヘルプを出す など）	1	2	3	4	
	予定変更や予想外なことに対して柔軟に対応する	1	2	3	4	
	情緒の安定、指導者との信頼関係の構築	1	2	3	4	
運動・感覚	動作模倣（モデルの動作をまねる、体操、ダンス など）	1	2	3	4	
	粗大運動（各部位の協応動作、縄跳び、鉄棒、ボール運動 など）	1	2	3	4	
	微細運動（手指の動き、楽器の操作、書字、描画、ボタンとめ・紐結び など）	1	2	3	4	
	感覚過敏への対処（聴覚、視覚、触覚、嗅覚、味覚）	1	2	3	4	
その他		1	2	3	4	
		1	2	3	4	
		1	2	3	4	
		1	2	3	4	
MEMO						

資料3

ソーシャルスキル指導のための 目標設定チェックリスト

▶本冊 P34

領域	実施方法 1 学年相当の達成度を下記の基準でチェックしてください。（おおよそのめやすです） 1：達成できていない　2：あまり達成できていない　3：ほぼ達成　4：達成している 2 今後の指導目標として取り上げていくものに◎または○をつけてください。 （◎は特に重点的な指導目標となるもの）	1 達成度				2 指導内容
学習態勢・集団行動	着席して授業を受ける（姿勢の保持、離席しない など）	1	2	3	4	
	一斉の指示を聞き、従う（注目、傾聴、集中、指示理解）	1	2	3	4	
	ルールや手順に沿って行動する（段取りや優先順位をつけることも含む）	1	2	3	4	
	周りの動きに合わせて行動する（一緒に動く、待つ、整列、移動 など）	1	2	3	4	
	最後まで課題に取り組む（集中の持続、負けても怒らない など）	1	2	3	4	
	役割を果たす（日直、係、当番、掃除 など）	1	2	3	4	
	適切に発言する（挙手、指名されてから発言、状況に応じた発言 など）	1	2	3	4	
	集団生活における暗黙のルールを理解する	1	2	3	4	
	協力する（みんなで1つのことに取り組む、他者に合わせる、手伝う など）	1	2	3	4	
コミュニケーション	挨拶、返事、お礼、謝罪、依頼などのやりとり	1	2	3	4	
	適切な声の大きさ、ことばづかい（状況に応じた使い分け）	1	2	3	4	
	言語理解、言語表現（語彙、言語概念、統語、語用 など）	1	2	3	4	
	気持ちや考えを表現する（アサーション）	1	2	3	4	
	相互性のあるやりとり（適切に働きかけ、適切に応答する など）	1	2	3	4	
	報告、連絡、相談をする	1	2	3	4	
	子どもどうしで話し合う（提案、聴く、譲る、まとめる など）	1	2	3	4	
	会話（マナー、相互性、話題の共有、適切に会話を始める・終わらせる など）	1	2	3	4	
	視線やジェスチャーなどの理解と活用	1	2	3	4	
	ことばや態度の裏のメッセージの理解（冗談、比喩、からかい、皮肉 など）	1	2	3	4	
仲間関係	仲間関係での所属感、仲間意識	1	2	3	4	
	相手の様子（表情・態度・ことば）に注意を向ける（社会的参照）	1	2	3	4	
	他者に肯定的にかかわる（人を注意しない、あったか・チクチクことばの弁別 など）	1	2	3	4	
	仲間と協調して遊ぶ（楽しむ、協力、チームワーク など）	1	2	3	4	
	他者の気持ちを理解し、配慮する（心の理論）	1	2	3	4	
	仲間どうしで計画、立案、実行する（お楽しみ会、調理、遊び など）	1	2	3	4	
	他者とのトラブルをうまく解決する	1	2	3	4	
生活	身だしなみ、服の着脱、衛生管理（手洗い、うがい、トイレ など）	1	2	3	4	
	持ち物管理、整理整頓（机上の整理も含む）	1	2	3	4	
	時間やスケジュールの自己管理	1	2	3	4	

資料4 ▶本冊 P54

〈SST すごろく〉
ソーシャルスキル・マラソン（低学年）

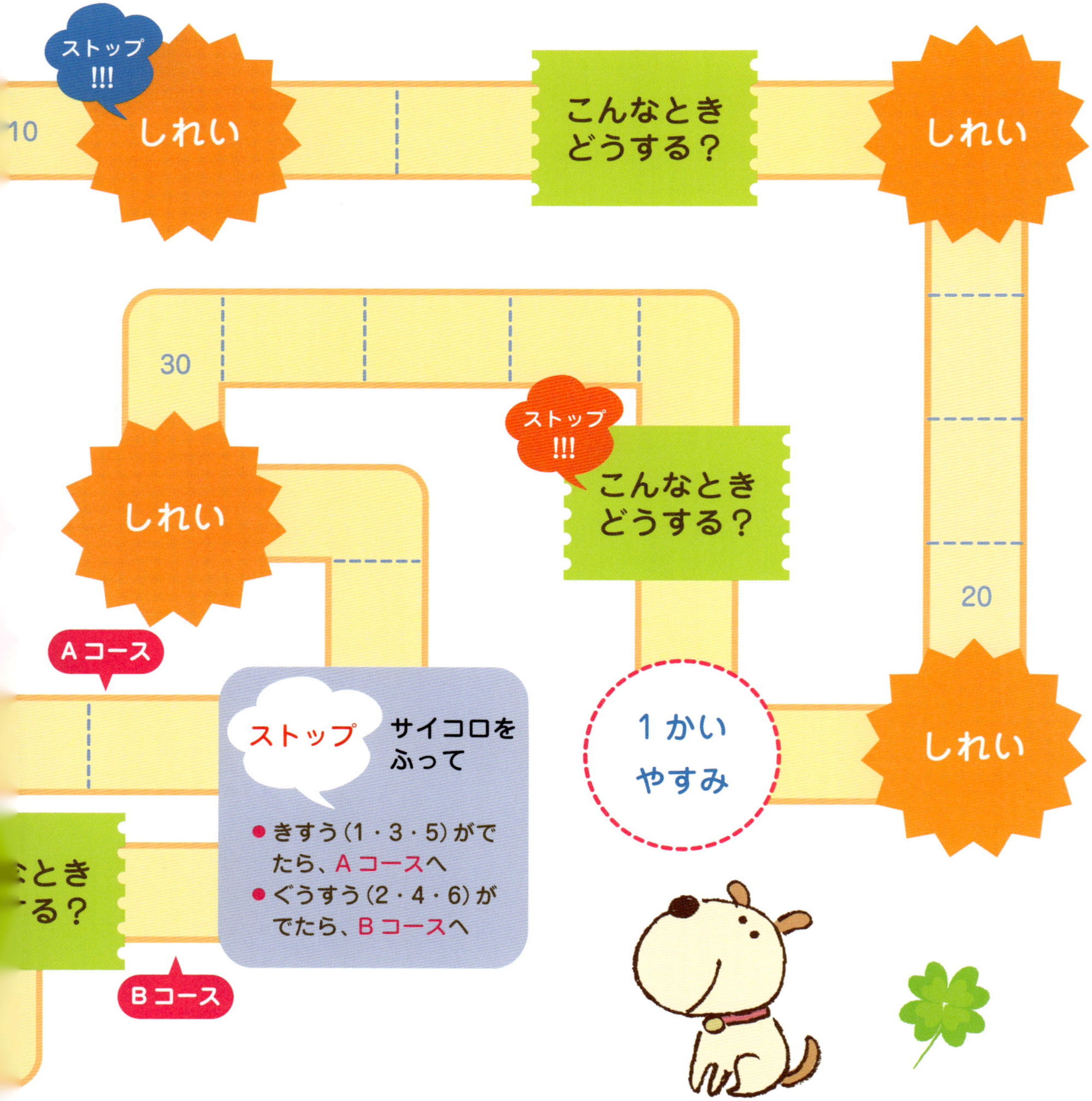
ストップ!!!
10
しれい
こんなとき
どうする？
しれい
30
ストップ!!!
こんなとき
どうする？
20
しれい
Aコース
ストップ
サイコロをふって
● きすう（1・3・5）がでたら、Aコースへ
● ぐうすう（2・4・6）がでたら、Bコースへ
1かい
やすみ
しれい
とき
る？
Bコース

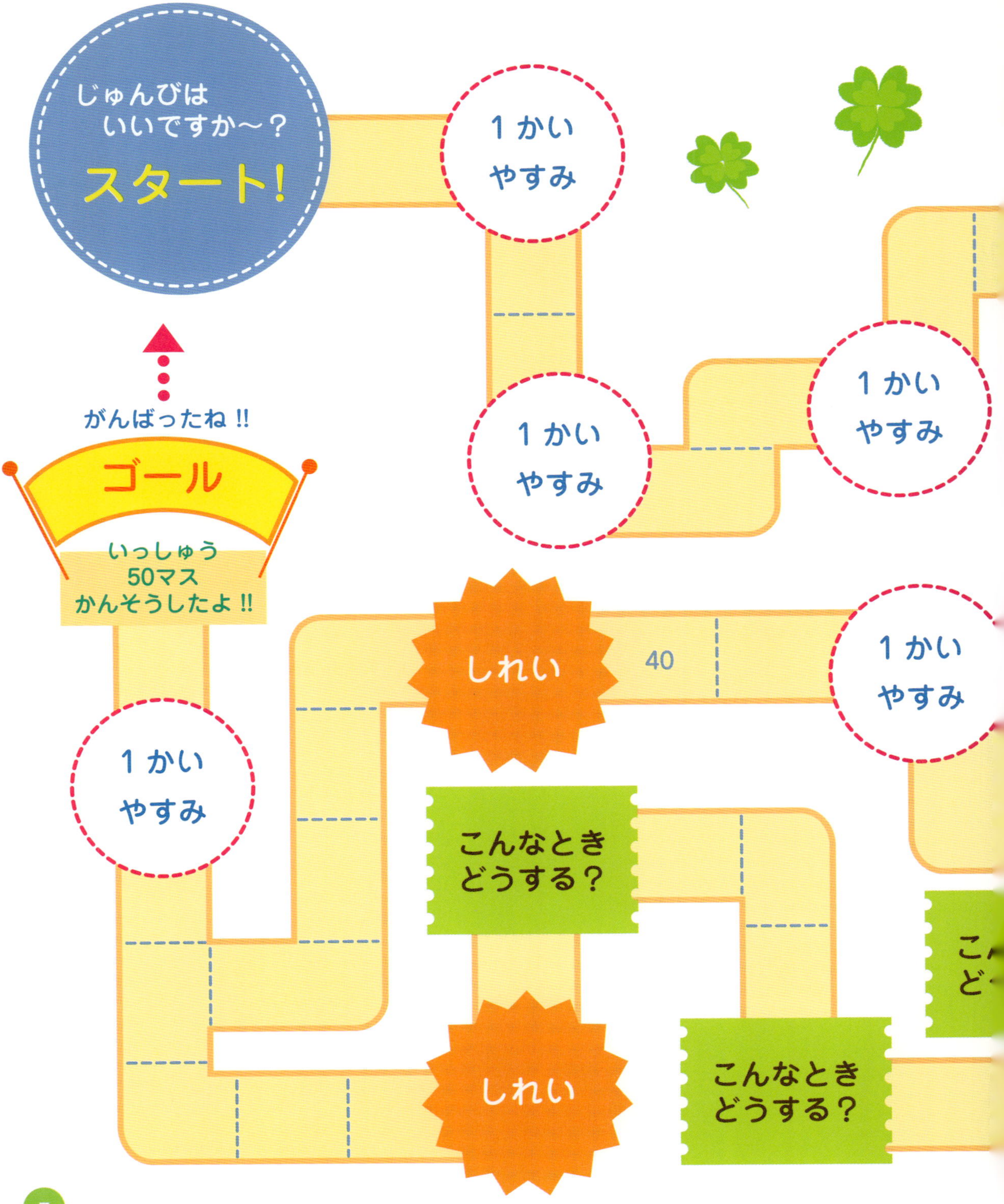
じゅんびは
いいですか～？
スタート！
1かい
やすみ
1かい
やすみ
1かい
やすみ
がんばったね!!
ゴール
いっしゅう
50マス
かんそうしたよ!!
しれい
40
1かい
やすみ
1かい
やすみ
こんなとき
どうする？
しれい
こんなとき
どうする？

資料5

▶本冊 P54

〈SST すごろく〉ソーシャルスキル・マラソン（高学年）

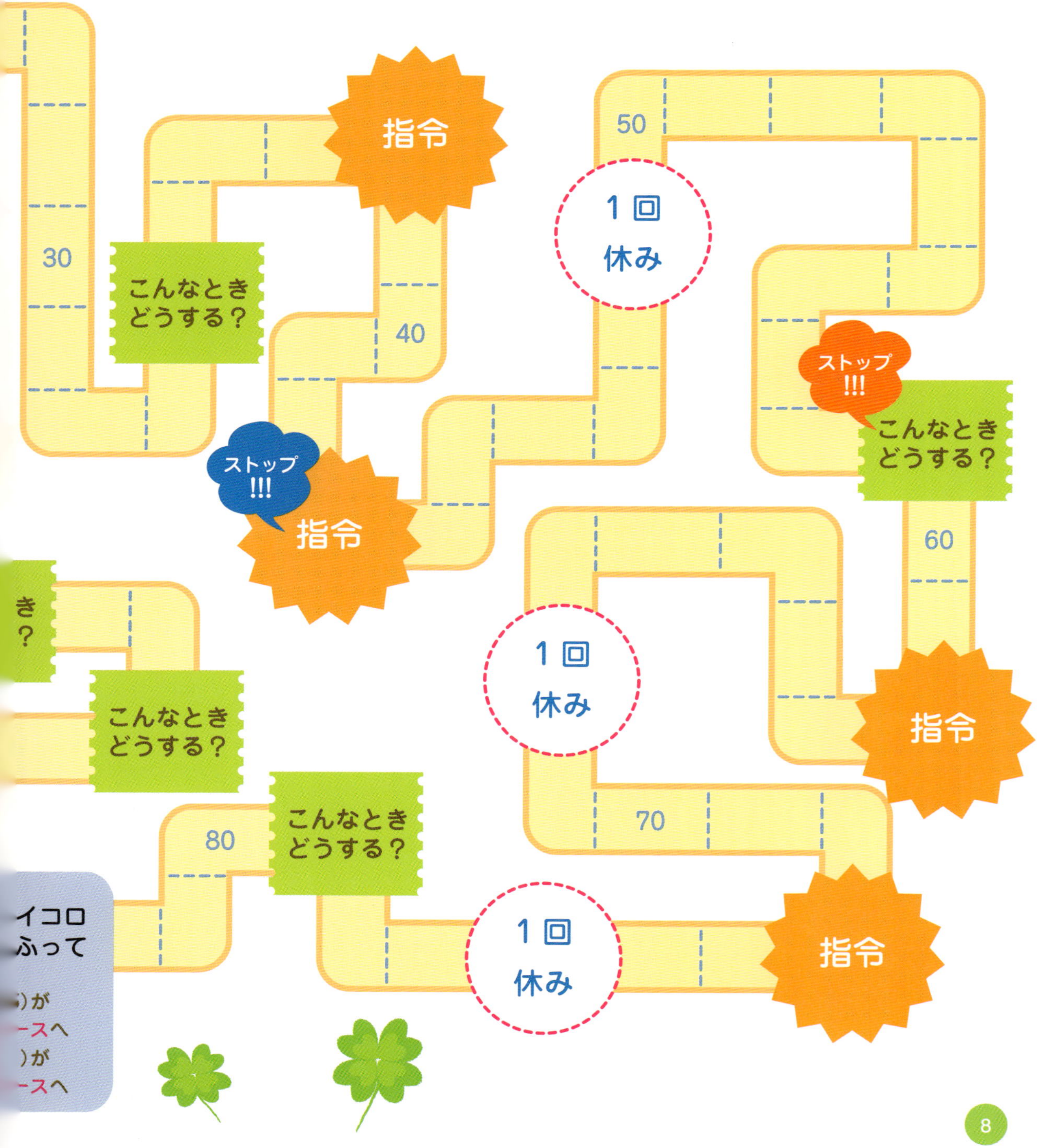

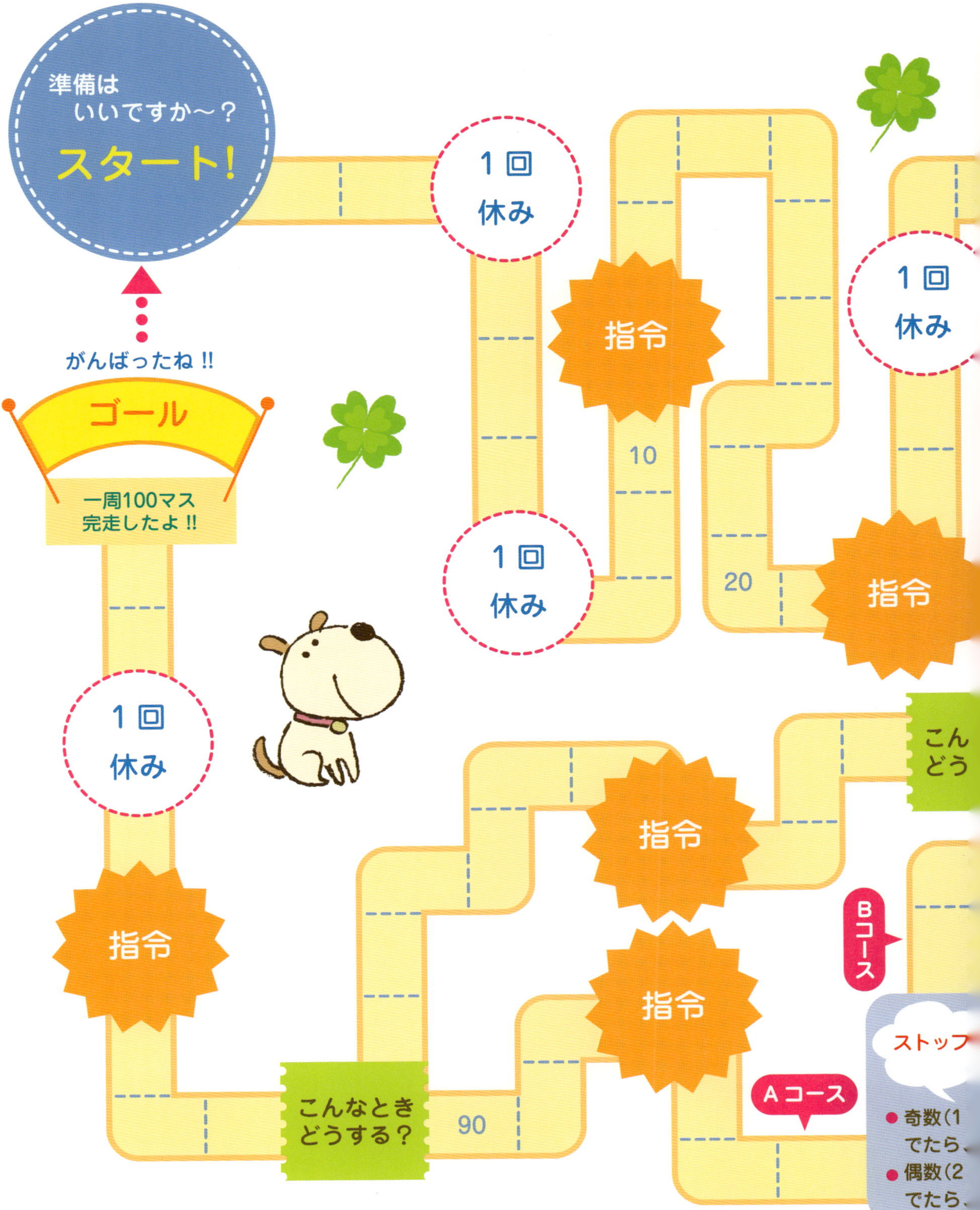

準備は
いいですか～？
スタート！
1回
休み
指令
10
1回
休み
20
1回
休み
指令
こん
どう
指令
B
コース
指令
ストップ
Aコース
● 奇数(1
でたら、
● 偶数(2
でたら、
90
こんなとき
どうする？
指令
1回
休み
一周100マス
完走したよ !!
ゴール
がんばったね !!

▶本冊 P54

●指令カードの例（低学年用）

すきなたべものと きらいなたべものを ひとつずついいなさい	すきなテレビを ひとついいなさい	みんなにすすめたい あそびをひとついいなさい
グループぜんいんの なまえをいいなさい	すきなべんきょうを ひとついいなさい	となりのひとに 「こんにちは」と あいさつしなさい
となりのひとと じゃんけんをしなさい	となりのひとと あくしゅしなさい	となりのとなりのひとと めをあわせなさい
にがてなことを ひとついいなさい	せんせいと ハイタッチをしなさい	これまでのことで たのしかったことを ひとついいなさい

●こんなときどうするカードの例（低学年用）

ともだちにかりたけしゴム をなくしてしまいました。 こんなときどうする？	ともだちが、にがてな なわとびをいっしょうけん めいがんばっています。 こんなときどうする？	６ねんせいに わるぐちをいわれました。 こんなときどうする？
ともだちがあそびに いれてくれません。 こんなときどうする？	じゅぎょうちゅう、トイレ にいきたくなりました。 こんなときどうする？	やすみのひに、みちばたで せんせいにあいました。 こんなときどうする？
きゅうしょくで、にがてな たべものがでました。 こんなときどうする？	ともだちにおみやげを もらいました。 こんなときどうする？	さんすうで、わからない ところがありました。 こんなときどうする？
せんせいにおこられて ないているこがいます。 こんなときどうする？	こうていで、 ふでいれをひろいました。 こんなときどうする？	ちいさいこがひとり、 みちばたでないています。 こんなときどうする？

▶本冊 P54

●指令カードの例（高学年用）

好きな食べ物と 嫌いな食べ物を ひとつずつ言いなさい	好きなテレビ番組か 好きなアニメを ひとつ言いなさい	おすすめのお菓子を ふたつ発表しなさい
最近した失敗を ひとつ教えなさい	自分の得意なことを ひとつ発表しなさい	自分を動物に例えると 何か教えなさい
右どなりの人と じゃんけんをしなさい （勝つまでやる）	おやじギャグを ひとつ言いなさい	周りにいる全員に 「やあ」とあいさつ してください
家族におねがいしたい ことをひとつ 言いなさい	人にしてもらって うれしかったことを ひとつ教えなさい	いま、取り組んでいること 頑張っていることを ひとつ発表しなさい

●こんなときどうするカードの例（高学年用）

クラスメートが 悪口をいってきました。 こんなときどうする？	授業で使う赤鉛筆を 忘れてしまいました。 こんなときどうする？	友だちが楽しそうに遊んで います。まざりたいのです が、こんなときどうする？
仲の良い友だちから 何度も無視されました。 こんなときどうする？	友だちと言い争いに なってしまいました。 こんなときどうする？	友だちからいやなことを 言われて、キレそうです。 こんなときどうする？
だれもいない教室で、 花びんを割ってしまいました。 こんなときどうする？	仲の良い友だちが 泣いています。 こんなときどうする？	下級生をいじめて いる人がいます。 こんなときどうする？
家に持ち帰らなければならな い給食袋を学校に忘れました。 こんなときどうする？	そうじ当番なのに サボっている人がいます。 こんなときどうする？	目の前で、クラスメートが 暴れています。 こんなときどうする？

資料6

▶本冊 P50

席替えリスニング

●座席シートの例

●マル秘情報カードの例

㊙ サルは入口のすぐ近くの席です	㊙ イヌの前の席の動物は、木登りが得意です	㊙ ネズミはイヌとネコの間の席です
㊙ ネズミは前の席の動物が大きすぎて、黒板が見えにくいと言っていました	㊙ サルはクラスで一番木登りが得意です	㊙ ライオンは外の景色がよく見える窓側の席が気に入っています
㊙ クラスで一番大きいのはゾウです	㊙ ライオンの後ろの席の動物の好きな食べ物は、魚です	㊙ ネコは魚が大好きなので、今日の給食に魚が出るといいなとはなしていました

資料7

声のものさし

▶本冊 P83

声のものさし

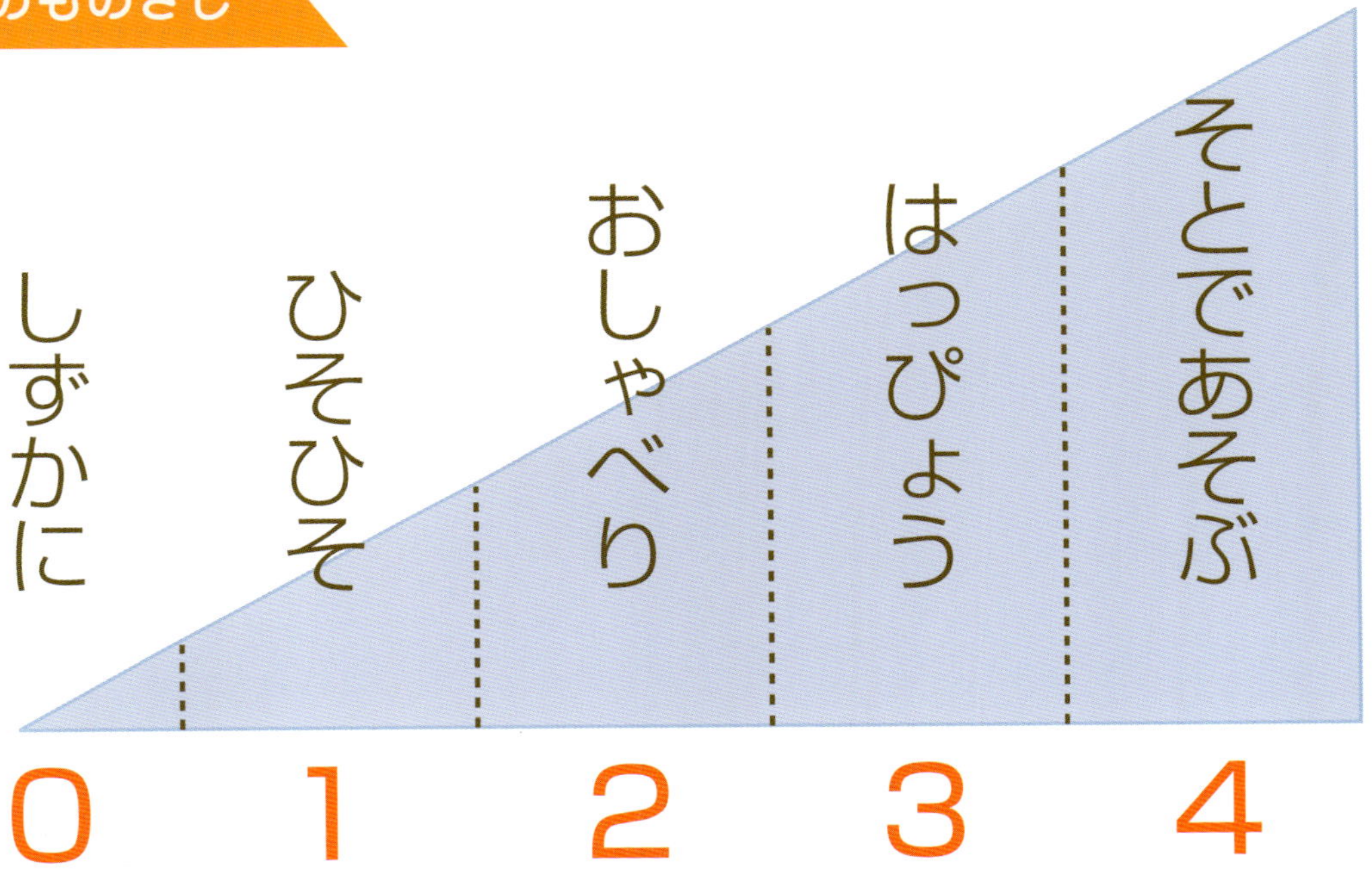
しずかに
ひそひそ
おしゃべり
はっぴょう
そとであそぶ
0
1
2
3
4

資料6

《解答例》

黒板
先生
窓
入口

●動物カードの例

資料8

▶本冊 P132

協力カードならべ

※カード内の□部分に予想した並び順を書き入れる

資料9

協力間違い探し

▶本冊 P132

《解答》①先生の笛、②1番目の男子の腕　③4番目の男子の足　④5番目の男子の腕
⑤2番目の女子の頭　⑥5番目の女子の足

資料10

▶本冊 P149

自分新聞フォーム

年　　月　　日

名前

	学級のめあて	◎○△	理　由
生活			
学習			
友だちとの関係			

	通級のめあて	◎○△	理　由
生活			
学習			
友だちとの関係			